本书是 2017 年度广州市哲学社会科学发展"十三五"规划课题（课题名称及编号："和谐劳动"视野下的劳动关系协调机制研究、2017GZYB55）和 2018 年度中央高校基本科研业务费专项资金资助（项目名称及编号：司法社会工作参与基层治理的策略研究、2018MSXM10）的研究成果之一。

广州市养老服务体系建设研究

GUANGZHOUSHI YANGLAO FUWU TIXI JIANSHE YANJIU

杜宁宁 ◇ 著

广东高等教育出版社
Guangdong Higher Education Press
·广州·

图书在版编目（CIP）数据

广州市养老服务体系建设研究 / 杜宁宁著. —广州：广东高等教育出版社，2020.7

ISBN 978-7-5361-6590-8

Ⅰ．①广…　Ⅱ．①杜…　Ⅲ．①养老-社会服务-研究-广州　Ⅳ．① D669.6

中国版本图书馆 CIP 数据核字（2019）第 204548 号

出版发行	广东高等教育出版社
	地址：广州市天河区林和西横路
	邮编：510500　营销电话：（020）87553735
	网址：http://www.gdgjs.com.cn
印　刷	广州市穗彩印务有限公司
开　本	787 毫米 × 1092 毫米　1/16
印　张	8.75
字　数	167 千
版　次	2020 年 7 月第 1 版
印　次	2020 年 7 月第 1 次印刷
定　价	28.00 元

（版权所有，翻印必究）

目 录

导论　老龄社会的到来及其挑战 ……………………………………… 1

第一章　广州市人口老龄化与养老服务概况 …………………………… 7
　一、广州市人口老龄化的总体发展状况和趋势 ……………………… 7
　二、广州市养老服务基本概况 ………………………………………… 9

第二章　广州市养老服务的制度体系 …………………………………… 24
　一、广州市养老服务的制度建设 ……………………………………… 27
　二、广州市养老服务制度体系述评 …………………………………… 34
　三、广州市养老服务制度体系的完善 ………………………………… 36

第三章　广州市养老服务的人力资源体系 ……………………………… 41
　一、广州市养老服务人才队伍建设概况 ……………………………… 41
　二、广州市养老服务人才队伍建设中的问题 ………………………… 45
　三、广州市养老服务人才队伍建设规划与构想 ……………………… 49

第四章　广州市养老服务的财政模式 …………………………………… 61
　一、公共财政投入养老服务的理论根据 ……………………………… 61
　二、公共财政投入养老服务的方式及困境 …………………………… 63
　三、财政支持模式的调整与完善 ……………………………………… 73

第五章　广州市养老服务的评估体系·················· 89
  一、养老服务评估的根据和意义 ·················· 89
  二、养老服务评估类别及完善 ·················· 90

第六章　广州市养老服务体系构建中的特殊问题与特色探索········ 106
  一、外埠老人在穗养老问题 ·················· 106
  二、广州特色长期照护体系的建设 ·················· 112
  三、打造大湾区一体化养老服务体系核心城市 ·················· 128

参考文献 ·················· 132

导论　老龄社会的到来及其挑战

中国是世界上老年人口最多的国家，也是全球人口老龄化发展速度最快的国家之一。根据我国老龄工作委员会提供的数据，我国已于 1999 年进入老龄化社会。截至 2018 年末，我国 60 岁以上老年人口已突破 2 亿人，占比超过人口总数的 15%。2017 年国务院发布了《"十三五"国家老龄事业发展和养老体系建设规划》，预计到 2020 年，全国 60 岁以上的老年人口将增加到 2.55 亿人左右，占总人口比重将达 17.8%，其中，高龄老年人将增加到 2 900 万人左右，独居和空巢老年人将增加到 1.18 亿人左右，老年抚养比将增加到 28% 左右。部分学者将这一形势与国际上各主要国家相对比，得知我国老龄化程度较深，加上此前实行的计划生育政策，导致人口红利期悄然结束，据有关部门测算，我国的人口红利期在 2013 年已开始逆转，随之而来的人口负债阶段将持续至少 25 年。① 联合国人口司对中国人口 2015－2100 年的预测，结果分为低生育率方案、中生育率方案、高生育率方案，无论采取哪一种方案分析，结果都呈现出共性：劳动年龄人口比重呈现不同程度的下降趋势，而老年人口比重则呈现总体上升趋势。② 与此同时，单独二孩和全面二孩政策都未能起到预期的人口增长刺激效果，进一步加剧了我国人口老龄

---

① 有关机构测算，从 2013 年开始，我国每年进入退休年龄的老年人超过 1 700 万，而每年新增的工作人口却少于 1 300 万；到 2025 年，工作人口与老年人口之比将达到 3.0，而目前这一比例为 5.5，即未来几年间这一数字会下降近一半。参见陈成文，陈舒. 从"碎片化"困境看我国城市养老服务体系的制度建设［J］. 城市发展研究，2017（12）：76.
② 根据联合国人口司发表的《World Population prospects, the 2015 Revision》对中国人口的预测，在低、中、高生育率三种方案的预测结果中，劳动年龄人口比重分别为 －2.68%、－4.92% 和 －6.99%，老年人口的比重分别为 5.54%、7.05% 和 6.53%。参见齐红倩，刘岩. 全面二孩政策对我国经济增长的阶段性影响［J］. 统计与决策，2019（9）：92.

化带来的危机。① 面对人口红利期结束而老龄化程度不断加深的社会结构，如何实现有效治理，并满足日益增长的老年人口的养老需求，成为这一代中国人首次要应对的巨大挑战。

老龄化构成了21世纪中国社会发展的总体背景。有学者指出，21世纪的100年间，中国人口老龄化趋势将经历快速老龄化、加速老龄化和重度老龄化三个时期，② 加上中国正在经历经济转轨、社会转型等重要历史发展阶段，我们对于老龄化问题的认识应该从国家社会发展的全局出发去考虑，"当代社会早已不是传统社会，生产的社会化与人的社会化，以及生产方式的现代化和人口老龄化的混合到来，决定着国家和社会必须关注老年人的需求，并通过社会化的措施与社会保障制度安排等来帮助老年人安度晚年，这既是对老年人口负责，也会对自己的未来负责，同时还是对人类社会的发展负责"③。可见，养老问题不是一个片面的问题，也不是一个阶段性的问题。养老问题的妥善安排，是关涉国家发展与稳定、关涉新时代我国社会主要矛盾的解决、关涉民生福祉的系统性重要课题。

中国拥有世界上最大规模的老年人口，其增长速度在主要人口大国集团中也处于高位，④ 如此庞大规模的人口以如此速度进入老龄化，在世界主要

---

① 2013年十八届三中全会启动实施了夫妻一方是独生子女即可生育二孩政策，即"单独二孩"的放开，当时国家卫生和计划生育委员会预测"新政策推行后会每年增加超过200万新生儿"，但是政策实施的当年即2014年底，全国只收到了106.9万对"单独"夫妇申请生育二孩。参见乔晓春.实施"普遍二孩"政策后生育水平会达到多高？——兼与翟振武教授商榷 [J]. 人口与发展，2014（6）：2-15. 可见此前我们对适龄夫妇生育二孩的意愿过于乐观，"单独二孩"政策并未起到有效刺激人口增长的作用。十八届五中全会政府再次提高人口生育刺激力度，2016年1月1日起正式确定全面放开二孩政策，但是据国家统计局公布的数据，2017年全国出生人口为1 723万人，比2016年减少63万人，我们并未迎来新生人口的快速增长，反而出现了未升反降现象。"全面二孩"政策在一定程度上遇冷，也没有起到预期的刺激效果。参见程倩倩，刘远明，杨杰文，等."全面二孩"政策下生育意愿的实证研究：以广州为例 [J]. 现代医院，2019（5）：633.
② 尹章海. 我国人口老龄化发展特点、影响及对策 [J]. 人口与计划生育，2009（6）：22.
③ 郑功成. 社会保障学：理念、制度、实践与思辨 [M]. 北京：商务印书馆，2000：229.
④ 中国从开启老龄化的改革开放之初（1978—1980年间），到1999年人口年龄结构完成向老年型的转变，仅用了不到20年的时间，而这一过程法国用了114年，瑞士用了85年，英国用了45年，美国目前仍然没有达到完全老龄化，即便是时间最短的日本，也用了24年。

国家中绝无仅有。此外，我国经济发展尚未实现总体富裕，总体生产力发展水平仍然不高，我国进入老龄化国家行列时的人均国内生产总值仅为 800 多美元，而发达国家进入老龄化时的人均国内生产总值可以达到 5 000～10 000 美元。[1] 相对于人口规模和增长速度，"未富先老"也加大了我国应对老龄化的难度。西方发达国家的老龄化是在工业化完成之后到来的，工业化国家在老龄化到来前用了很长的时间积累财富、调整社会结构、构建相关制度，"先富后老"或"富老同步"，使它们应对老龄化有了更为充足的准备。这些都是工业化国家面对老龄化挑战所依赖的基础。而中国仍然处于中等偏低收入的国家行列，我国的老龄化在经济发展尚不发达、人民生活水平还不高、社会养老保险制度相对不完善等大背景下展开，留给我们通过经济快速增长为老年人口提供更多养老和医疗资金的时间并不多，我国应对老龄化种种挑战的基础都还比较薄弱。

中国老龄化的发展阶段与中国城镇化进程相伴而行。城镇化带来的重要变化，不仅仅是农村人口向城市迁移，更是人口不断向特大城市和超大城市[2]集中。而且这种人口的集中和净流入并不会随着城镇化进程的结束而终止，世界上已经完成城市化进程的主要国家，如日本、韩国等，人口向特大和超大城市集中的趋势仍然明显。城市养老与农村养老有着诸多不同，截至 2014 年发布的数据显示，我国家庭构成中以计划生育家庭为主体，家庭规模越来越小，户均人口数越来越少，[3]子女对老年父母的照顾需要更多的社会支持，这成为城市社会化养老问题比较突出的重要原因。在可预见的未来，城市尤其是特大和超大城市的养老问题将成为我国社会结构迈向老龄化

---

[1] 张岩松，等. 社会养老服务体系建设研究[M]. 大连：东北财经大学出版社，2016：7.
[2] 根据 2014 年 7 月国务院印发的《关于进一步推进户籍制度改革的意见》中的规定，特大城市主要是从人口规模角度来界定，城区人口达 500 万人以上，属于特大城市。同年 10 月，国务院印发《关于调整城市规模划分标准的通知》，明确城区常住人口 500 万以上 1 000 万以下的城市为特大城市，城区常住人口 1 000 万以上的城市为超大城市。根据广州市统计局公布的数字，广州市 2018 年常住人口 1 449.84 万人，无论从常住人口总量还是从主城区常住人口总量看，都已经超过了 1 000 万，属于超大城市之列。
[3] 我国从 1953 年开始第一次人口普查，历次人口普查"户均人口数"都在不断缩小，从 20 世纪 50 年代的 5.3 人，缩减到 1990 年的 4.0 人，2010 年再次缩减为 3.1 人，2012 年进一步缩减到 3.02 人。根据国家卫生健康委员会发布的《中国家庭发展报告 2014》显示，中国家庭户平均人口为 3.02 人，计划生育家庭为 3 亿户左右，约占全国家庭户总数的 70%，家庭规模的小型化加剧了城市家庭养老功能的弱化。

过程中最为突出、矛盾最为集中、挑战最为艰巨的问题所在。大城市的养老问题成为我国养老问题的核心议题之一,解决好这些特大和超大城市的养老问题,将成为我国应对老龄化挑战的关键。

广州是华南地区政治经济文化中心、广东省省会城市,同时,在《珠江三角洲地区改革发展规划纲要(2008－2020)》中,国务院明确赋予广州市以"国家中心城市""综合性门户城市"和"面向世界、服务全国的国际大都市"的地位。2017年7月1日,国家发展改革委与粤港澳三地政府在习总书记的见证下,在香港共同签署了《深化粤港澳合作推进大湾区建设框架协议》,正式开启了大湾区建设的新征程。2019年2月18日,国家正式发布《粤港澳大湾区发展规划纲要》(以下简称《规划纲要》),标志着粤港澳大湾区建设进入全面铺开、纵深推进的新阶段。在大湾区建设过程中,作为珠江三角洲9市中的中心城市,广州市已经初步形成了"以战略性新兴产业为先导、先进制造业和现代服务业为主体的产业结构",具备了《规划纲要》提出的未来建成"活力充沛、创新能力突出、产业结构优化、要素流动顺畅、生态环境优美的国际一流湾区和世界级城市群"的基础优势。广州市在深度参与大湾区建设过程中,已经逐渐明确可预见未来的发展定位和目标,即要充分发挥国家中心城市和综合性门户城市的引领作用,努力将广州市打造成符合"人民生活更加富裕""社会文明程度达到新高度""宜居宜业宜游"等特征的国际一流湾区中的"核心引擎"城市。要想实现这一城市定位和发展目标,养老问题不能不得到应有的重视和合理安排。养老问题中的核心问题,即养老服务体系的建设,不仅关涉养老事业和产业的发展、老年宜居环境和老年友好城市的建设,更关涉城市的文明程度、开放程度和未来定位。

广州市作为国内最早迈入超大城市之列的华南地区中心城市,根据广州市民政局、统计局官方网站发布的数据,截至2017年底,广州市户籍人口为897.84万,60周岁以上的老年人已达161.85万,占户籍人口的18.03%。根据国际上通行的认识,当一个国家或地区60岁以上老年人口占人口总数的10%,即进入轻度老龄化社会;当老年人口占人口总数的10%~20%时,则意味着进入中等老龄化社会。按照目前的情况,广州市老年人口占比已经进入高位区间,广州市已处于中度老龄化社会。除了老年人口总量持续增长外,广州市老年人口增长的速度也连续多年领跑全国。自2010年以来,广州市老年人口增长率居于4%以上,而全国同期老年人口增长率仅为3%左右,有关部门预计广州市未来几年将迎来老年人口快速增长时期,即每年将以5%的增长率快速增长。广州市的老龄化进度与城镇化进程同步伴随,截至2018年底,广州市平均城镇化水平已经达到

86.38%，其中天河区、海珠区、荔湾区和越秀区已经达到100%。① 作为超大城市，广州市承载着不断涌入的外来人口，产生了诸多超大城市特有的公共服务尤其是养老服务中共通性和典型性的问题，这些问题是前所未有的，是之前的发展历史留给我们这代人首次面对的课题。此外，与二三线城市相比，广州市面临的老龄问题庞杂繁复，挑战也极为艰巨。广州市人口老龄化、高龄化、空巢化、失能化现象与广州市工业化、现代化、城镇化进程相伴随，与区域差距、收入差距扩大相重叠，与经济转轨、社会转型、文化领域变革相交织。在欠发达城市分阶段出现的人口老龄化问题，短时期内在广州同步呈现、集中爆发，对公共服务、资源配置、社会治理、养老模式、思想文化等诸多领域的挑战极为严峻，涉及的领域包括制度机制、人力资源、产业结构、财政税收、绩效评价等，涉及的主体包括政府及各职能部门、社会资本、社会组织、老年人等，其建设难度之大可想而知。由于广州市特殊的经济文化地位，又是全国养老服务业综合改革、中央财政支持居家和社区养老服务改革、长期护理保险制度和医养结合试点城市，是多项养老服务创新举措的试行区，也是老龄问题呈现和实践经验提炼的标志性试验田。它的改革经验，不仅可以对整个华南地区、大湾区起到示范和辐射效应，更可以为全国一线城市的养老服务体系建设提供样本。除此之外，广州市也面临着一些独特的、在其他城市不显著的养老服务需求，需要我们针对广州市的城市特点做出不同的应对。

与以往对养老服务的研究不同，本书在对广州市的养老服务进行研究时，更注重系统化、体系化研究。老龄社会的到来及其挑战，与之相伴随的实际上是一个系统的治理压力和风险问题，因此，也必须用系统性方法去回应。过去我们对养老服务的关注，更多呈现"碎片化"探索态势，即以实践推进代替理论论证，用经验做法取代体系建构，具体表现为制度条块分割、政策政出多头、主体权责不清、服务供需脱节等，使得养老服务始终没有形成一个统一的架构，碎片化消解了系统的整体功能，甚至也降低了局部的功能，因事而动、因人而变的随意性增大，指导性和规范性削弱。养老服务沟通了社会福利的公共服务和现代服务业中的服务产业，要将养老服务体系作为公共服务体系和现代服务业的重要组成部分来建设，它不是一个孤立的工程，更不是零敲碎打的实践经验的叠加，而是一项面向经济社会发

---

① 广州市统计局.2018年广州市人口规模及分布情况［EB/OL］.（2019-02-15）［2020-02-05］. http://www.gzstats.gov.cn/gzstats/tjgb_qtgb/201902/da07f05ce86a41fd97415efec5637085.shtml.

展、承载特殊社会功能的系统工程。因此，缺乏顶层意识和体系视角，就无法将现有的碎片穿起来，更无法建设具有前瞻性和整体性的养老服务体系。对于养老服务体系的构建，要突破现有的"体制的混沌性、服务的偏差性和机制的阻值性"[①]，需要从构建系统的角度去重塑体系结构，将资金、人力、物力等要素的选择、调动、匹配纳入体系中去衡量，以减少因体制和机制的原因导致的相互牵制、利益冲突、资源浪费、运行阻滞等内耗，实现养老服务体系功能的最大化。

本书结合广州市经济社会发展的具体情况，以及广州市现有养老服务建设基础，总结和梳理了广州市现行养老服务的基本状况和经验做法，在静态的制度基础和动态的组织实施方面，对广州市构建养老服务体系建设中的突出问题和现实障碍进行了分析，对未来广州市完善养老服务体系提出了诸多建议，目的是构建一个内部自洽、制度健全、理念一致、目标明确、权责清晰、标准统一的广州市养老服务体系。

---

① 学者陈成文、陈舒提出，目前我国养老服务体系建设存在着"体制的混沌性、服务的偏差性和机制的阻值性"特点，即管理体制混乱，没有统一的设计和协调；养老服务供需矛盾突出，质量不高；养老服务运行机制不良。参见陈成文，陈舒. 从"碎片化"困境看我国城市养老服务体系的制度建设［J］.城市发展研究，2017（12）：76-82.

第一章 广州市人口老龄化与养老服务概况

根据 2018 年的统计数据，广州市人口老龄化的程度已经超越了国内许多其他城市，老年人口的持续增长和速度的加快，是广州市现阶段和可预见未来的总体社会发展背景。在国务院出台的《珠江三角洲地区改革发展规划纲要（2008—2020）》中，明确赋予了广州市以"国家中心城市""综合性门户城市"的定位，为实现中央提出的"把广州建成全省宜居城市的'首善之区'和面向世界、服务全国的国际大都市"的目标，广州市政府在改善民生和养老服务方面不断增加投入，早在"十一五""十二五"规划期间，就着力发展养老服务事业和产业以应对广州市老龄化的持续深度发展。经过近年来的投入和建设，已经具备了应对老龄化的基础条件，也在养老服务领域取得了许多卓有成效的实践经验，构建了机构养老、社区居家养老和家庭养老的社会支持"三位一体"的基本框架，为体系化的养老服务建设奠定了基础。

一、广州市人口老龄化的总体发展状况和趋势

根据广州市民政局、统计局官方网站发布的数据，截至 2018 年底，广州市户籍人口为 927.69 万人，其中户籍老年人口为 169.27 万人，占户籍人口的 18.25%。[1] 按照广州市老龄工作委员会办公室（以下简称老龄办）的预估，到 2020 年，广州市老年人口将达 185 万，即广州市每 10 个人中就有两

---

[1] 广州市人民政府.《2018 年广州老龄事业发展报告和老年人口数据手册》发布［EB/OL］.（2019-10-18）［2020-02-05］. http://www.gz.gov.cn/zwfw/zxfw/gysy/content/post_2858743.html.

个是老年人，预计未来几年还要以每年5%的速度快速增长。根据国际上通行的认识，当一个国家或地区60岁以上老年人口占人口总数的10%，即进入轻度老龄化社会；当老年人口占人口总数的10%~20%时，则意味着进入中等老龄化社会。据此，广州市老年人口占比已经进入高位区间，广州市已处于中度老龄化社会。各区老年人口的分布情况是，越秀、海珠、荔湾、白云、增城、番禺、天河和花都超过了10万人，其中越秀、海珠和荔湾的老年人口均超过20万人，分别为29.93万人、26.42万人和20.69万人。[1] 越秀区、海珠区和荔湾区的老龄化程度均已经超过20%，进入了中等老龄化发展阶段。

自2010年以来，广州市老年人口增长的总量持续领跑全国，老年人口增长率居于4%以上，高于全国同期老年人口增长率1个百分点。按照统计预期，广州市老龄人口将在一定时期内继续保持增长态势。从老龄人口内部情况看，2018年广州市纯老家庭[2]人口达到20.93万人，总量比2017年增加1.78万人。纯老家庭人数超2万人的区有海珠、白云、番禺、花都、增城和南沙6个区。独居老人[3]3.26万人，比较集中在荔湾、越秀和花都3个区。空巢老人6.26万人，主要集中在荔湾区。孤寡老人1.49万人，越秀区分布最多，为3171人。残疾老人7.29万人，分布最多的3个区是增城、从化和越秀。就广州市目前公布的人口抚养比[4]来看，以60周岁为统计口径，2013年广州市老年抚养比为22.84%，到2017年底，这一数据增加到了27.61%；以65岁为统计口径，2013年广州市老年抚养比为14.41%，到2017年底，这一数据增加到了16.87%。[5] 无论是哪种统计方式，广州市老年

---

[1] 广州市人民政府.广州市发布2018年老年人口和老龄事业数据［EB/OL］.（2019-10-15）［2020-02-05］. http://www.gz.gov.cn/zfjgzy/gzswsjkwyh/zdlyxxgk/jbylws/ggws/content/post_2996619.html.
[2] 纯老家庭是指老年夫妇二人共同生活、两代及以上老人共同生活，以及家庭户实际居住成员均在60岁以上的其他情况的家庭。
[3] 独居老人是指年龄在60周岁以上且独自居住生活的老年人。
[4] 人口抚养比又称人口抚养系数（GDR），是指总体人口中，非劳动年龄人口与劳动年龄人口之比，通常用百分比表示，说明每100名劳动年龄人口要负担多少非劳动年龄人口，用于从人口角度反映人口与经济发展的基本关系。参见翟振武，刘爽，段成荣.常用人口统计公式手册［M］.北京：中国人口出版社，1993.
[5] 广州市统计局.普查汇编［EB/OL］.（2019-10-24）［2020-02-05］. http://tjj.gz.gov.cn/pchb/2015n1rkcydc/content/post_2787425.html.

抚养系数都呈现持续走高态势，劳动年龄人口负担的老年人口数量逐年增加，即便是广州大量的外来人口涌入对人口产生了稀释效应，仍然无法改变养老负担逐年沉重的总体趋势。

此外，广州市的老龄化还呈现出了其他方面的特点和趋势，如广州市高龄老年人口中女性人口占绝对优势、低生育率的持续、家庭规模的缩小、人口流动加剧等，这些社会结构的深层次变化形成的矛盾和张力构成了超大城市老龄化的共通性难题，是建设养老服务体系时必须纳入考虑的基本面向。

以上数据总体体现了广州市人口老龄化的程度和发展趋势，从数据中可以看到，随着广州市老龄化程度的不断加深以及老年人口数量的大幅增加，使得老年人的养老及照料成了一个亟待解决的问题。对于养老服务的持续需求将成为广州市未来发展的一个基本现实，养老服务体系建设刻不容缓。

二、广州市养老服务基本概况

为积极应对老龄化带来的挑战，广州市政府提出了建设和完善形式多样的养老服务体系的目标。近年来广州市致力于推动服务设施的建设、服务领域的拓展和服务质量的提升，大力发展机构养老，全面推进社区居家养老，不断拓展家庭养老的社会支持，总体上已经形成了应对老龄化的多层次服务机制。

（一）机构养老服务概况

1.机构养老及其理论基础

机构养老，是指以养老机构为主导，为老年人提供饮食起居、清洁卫生、生活护理、健康管理和文体娱乐活动等综合性服务的社会化养老服务模式。机构养老是随着社会化养老时代的到来应运而生的产物。在工业社会取代农业社会的变迁中，以家庭为单位的生产方式逐步过渡到了社会化大生产，社会分工削弱了家庭功能，单纯依赖家庭的力量已经难以实现老有所养，养老方式开始随着家庭的小型化而出现社会化趋势。机构养老是实现社会化养老的一个重要的途径和方式。走出家庭，入住福利院、敬老院、老年公寓、托老所、老年护理院等养老机构，通过交纳一定的费用，老年人实现了对专门养老服务需求的满足。

社会化养老的一个重要表现是越来越多的老年人选择入住社会化养老机构，机构养老来源于深刻的社会变迁，这种变化也反映在相关理论阐释中。有学者将社会化养老的到来作为生产方式变革的必然后果，也就是认为养老方式的选择会随着生产方式的变化而不断变化。依靠家庭养老，是因为以家庭为单位的生产决定了家庭成员共享生产资料，共享劳动成果，自给自足的农业生产使得养老只能是家庭事务。而社会化生产体系对以家庭为单位的生产方式的取代，则使得养老方式出现社会化倾向。也有学者从社会嵌入性理论来探索社会化养老的根基。社会嵌入性理论从人的行为动机出发，认为老年人不是简单的受动者，其仍然需要围绕其社会角色的变化、身体机能的改变、心理状况的调适等不断进行社会化，而且这种转化仍需在社会中完成，养老机构提供了满足老年人需求的多重服务，成为转变老年人社会角色的社会化场所。更多学者倾向于从福利多元主义视角理解机构养老的理论基础。福利多元主义观点认为，社会福利的提供主体应该是多元的，公共部门、营利组织、非营利组织、社区、家庭和个人都应该参与到社会福利的提供中来，政府更多地扮演监管者的角色，以防止多元主体参与后福利因素的削弱。传统政府拥有的福利服务行政权逐渐由中央转移到地方，由地方政府下沉到基层社区中去，或者是由公共部门转移到社会组织与私人部门。[①] 这种带有多元主体参与和行政权力分化特点的福利提供方式，体现了现代治理理念，不仅是现代国家行政机构改革的目标，也是工业化时代福利制度变迁的总体趋势，因此也成为支撑机构养老的主要理论观点。

按照不同的划分标准，养老机构有不同的分类。有学者按照机构养老资金的来源，将养老机构划分为福利性养老机构、非营利性养老机构和营利性养老机构3种。[②] 也有学者结合养老机构的出资和运营主体两个标准，将养老机构界定为4种类别：公办型、公办民营型、民办公助型和

[①] 王琼，王敏，黄显官. 我国养老服务综合配套改革实践与创新 [M]. 成都：西南交通大学出版社，2017：94-96.

[②] 福利性养老机构是指国家出资创办的养老机构，一般收住对象为社会弱势群体，如城市中的三无人员、农村中的五保人员等；非营利性养老机构，一般是民营养老机构，但可以享受国家提供的诸如税收减免等相关优惠政策；营利性养老机构，一般也是民办养老机构，和非营利性养老机构相比，营利性养老机构不能享受国家优惠政策，但总收入扣除税收后，相关责任人可以进行分红。参见王琼，王敏，黄显官. 我国养老服务综合配套改革实践与创新 [M]. 成都：西南交通大学出版社，2017：94.

民营型。① 按照广州市的实践，目前主要将养老机构分为公办养老机构和民办养老机构。其中，民办养老机构又分为依照民办非企业单位登记的公益性民办养老机构和依照工商管理规定登记的经营性民办养老机构。公办养老机构和民办养老机构在资金拨付、政策支持等方面呈现出差异。当然，自2013年国家颁布《国务院关于加快发展养老服务业的若干意见》，鼓励"政府投资兴办的养老机构逐步通过公建民营等方式管理运营，鼓励有条件的地方可以积极稳妥地把专门面向社会提供经营性服务的公办养老机构转制成为企业"后，广州市也迈开了公办养老机构改革的步伐，出现了公建民营属性的养老机构。

2. 养老机构与床位

按照广州市养老服务体系建设的预期目标，到2020年，90%的老年人在社会保障体系和服务体系支持下通过家庭照顾养老，6%左右的老年人可以由社区提供日间照料和托老服务，4%的老年人可入住养老机构，即所谓"9046"目标。这一目标确定了将有4%的广州老年人可以通过入住养老机构度过晚年。为了满足这部分老年人的养老床位需求，广州市近年来加大了对养老机构的建设和投入力度。根据《广州市养老服务机构设施布局规划（2013—2020）》，在2014—2020年期间，广州市平均每年动工建设8 100张以上养老床位，并在原10个区范围内新选址53块地块建设养老机构，公办养老机构"1+5"新建项目（广州市第二老人院及天河、花都、萝岗、南沙、从化新建养老机构）和"1+6"扩建项目（广州市老人院和越秀、海珠、白云、黄埔、番禺、增城公办养老机构扩建项目）陆续竣工并相

---

① 公办型是指由政府出资建设、管理并营运的养老机构，各地的公有制养老机构大都属于这种模式，这类养老机构虽然面向社会开放，但经费由政府财政全额拨付，工作人员为行政事业单位编制，本质上属于社会福利型机构；公办民营型是指由政府出资兴建并提供主要运行费用、由民间组织承包运营的养老机构，它与公办型养老机构的区别在于将养老机构的所有权与营运权相分离，政府只充当"后台老板"，运营则交给社会中介组织或社会服务组织去具体管理；民办公助型是指民间组织开办养老机构，为老年人提供非营利性的养老服务，即在民政部门注册登记的"民办非企业单位"，其运营资金主要来源于入住者的交费，同时也接收政府的建设、运营补贴以及社会的捐赠；民营型是指私人部门投资兴办的以营利为目的的养老机构，在工商部门注册登记为"民办企业单位"，提供有偿的、经营性的养老服务，这类机构虽也会获得政府的政策扶持，但其运营经费主要来自自身经营而非政府资助。参见张岩松，等.社会养老服务体系建设研究[M].大连：东北财经大学出版社，2016：87.

继投入使用。

同时,广州市大力支持社会资本兴办养老机构,鼓励和扶持民办养老机构的发展。2017 年,广州市修订了《广州市民办养老机构资助办法》,除对床位和护理予以一定补贴外,还新增医养结合补贴、等级评定补贴、机构延伸服务等补贴;同时,落实"放管服"和优惠政策,精简行政审批环节,优先将养老机构用地纳入全市年度土地利用计划和建设用地供应计划,落实养老服务业的税收优惠等。2018 年广东省办公厅印发《关于全面放开养老服务市场提升养老服务质量的实施意见》,明确广东省将放宽市场准入,鼓励境外投资者设立营利性、非营利性养老机构。作为省会城市的广州,为落实这一改革意见,将进一步开放养老服务市场,鼓励更多社会资本投入兴办养老机构。

经过近几年的着力发展,截至 2018 年底,广州市共计养老机构 189 家,其中公办养老机构 59 家、民办养老机构 130 家,共提供养老服务床位数 65 403 张,入住老年人数为 23 678 人(其中特困老年人为 2 544 人)。公办与民办养老机构的比例从 2013 年的 3∶7 上升至近 4∶6;每千名老人拥有床位数从 2013 年的 29 张上升至 40 张。2018 年,广州市人均养老床位数已经提前实现了国务院设定的到 2020 年每千户老人 40 张养老床位的目标,养老床位也正在接近到 2020 年 8.26 万张的总数目标。具体数据参见表 1-1。

表 1-1　2018 年广州市养老机构数及床位数[①]

指标	单位	2018 年数据
养老机构数	个	189
公办养老机构数	个	59
民办养老机构数	个	130
养老服务床位数	张	65 403
公办养老机构床位数	张	19 966
民办养老机构床位数	张	45 437
每千名老年人拥有养老床位数	张	40

① 此表根据 2019 年广州市老龄工作委员会、广州市民政局、广州市统计局联合发布的《2018 年广州老龄事业发展报告和老年人口数据手册》整理而成。

从现有情况看，老年人对于公办养老机构的推崇远远大于民办机构。目前，公办养老院的床位轮候大多在半年以上。以广州市最具规模的公办养老机构——广州市老人院为例，该院目前有床位1 200张，老人申请入住，短则要轮候两三个月，多数情况下需轮候半年甚至更长时间。这种现象表明，民办养老机构虽然在软硬件设备、服务种类和质量等方面具有一定优势，但因其收费标准普遍高于公办养老机构，因此，老年人宁愿轮候一段时间，也不愿意入住床位相对宽松的民办养老院。针对公办养老床位的紧张问题，广州市政府一方面着手建设更多公办养老机构，增加养老床位；另一方面加强了轮候床位的制度建设，力求确保信息公开透明，确保空余床位信息和轮候信息一一对应。广州市从2014年1月起试行《广州市公办养老机构入住评估轮候试行办法》，经过4年的试行实践，在总结经验的基础上，又根据《广州市人民政府关于加快养老服务业综合改革的实施意见》和《广州市人民政府关于全面深化公办养老机构改革的意见》等政策文件，在2018年正式印发实施了《广州市公办养老机构入住评估轮候管理办法》，真正使得公办养老机构的床位轮候有了制度上的保障。该办法较原有政策，主要呈现出6个特点。一是拓展了优先轮候的覆盖范围。该办法将经济困难的孤寡和高龄老年人，以及为广州市做出重大贡献并在本市居住的失能老年人纳入优先轮候通道覆盖范围。二是保障失能老年人的入住需求。对于虽在普通渠道申请轮候，但经前置评估程序认定为"失能"的老年人，将优先于普通老年人入住。三是特殊困难老年人轮候转介服务。特殊保障对象和优先轮候人群若在3个月内未能轮候到床位，可以选择入住由区民政部门选定的其他定点养老机构。同时，出台特殊困难老年人入住养老机构资助办法。四是规范评估程序。公办养老机构按照本市统一的老年人照顾需求等级评估规范开展入住评估工作，完善评估需要的工作与设施，为老年人建立评估档案，不断提高评估的科学性和准确性。五是持续提升公办养老机构的保障水平。该办法确立了公办养老机构的兜底功能定位，护理型（包含养护型和医护型）床位应占新建公办养老机构床位的80%以上，已建养老机构要逐步提高护理型床位所占比例，日益满足急需生活照料的失能老年人的养老需求。六是提高养老床位的轮候效率。以往出现的未经资格审核和入住评估的、因不满安排的床位而拒绝入住的和未按规定办理入住手续的申请人，将视为退出轮候，大幅减少了无效轮候的情形，提高了轮候的效率。

《广州市公办养老机构入住评估轮候管理办法》对公办养老机构资源的分配提供了有效的模板。它将老年人的养老需求以制度的形式加以保障，并对特殊人群，尤其是失能老年人予以政策倾斜，统一需求评估，确保公平入住，使得养老机构床位的分配更为公正合理，体现了服务与需求的有效对接。

3. 服务标准化管理体系建设

根据世界主要国家和地区的经验，机构养老服务标准化管理体系的建设是养老服务走向精细化的标志，也是提升养老服务质量的重要途径。随着养老机构的建设和养老床位的增加，养老机构的服务质量和管理水平越来越成为人们关注的焦点，因管理和服务标准的缺失而导致的机构养老服务质量低下成为广州市要解决的重点问题。为了全民贯彻落实习近平总书记关于开展质量提升行动、提高养老院服务质量的重要指示精神，早在2014年，民政部等5部门就联合印发了《关于加强养老服务标准化工作的指导意见》，提出了加快健全养老服务标准体系、加强养老服务标准化研究、抓好养老服务标准的贯彻实施、推进养老服务领域管理标准化和健全规范养老服务市场秩序5个主要任务。为促进广东养老机构标准化、规范化管理，提升养老院服务质量，广东省民政厅编制了《养老机构质量评价技术规范》《养老机构社会工作服务规范》《养老机构服务规范——临终关怀》等地方性标准，并筹建广东省养老服务标准化技术委员会，准备出台4个省级地方养老服务标准。为了落实上级民政部门的部署，广州市质监局与民政局通过将778份标准文件贯穿于通用基础、服务保障、服务提供3个标准体系中，涵盖了医疗、护理、康复、社工、行政管理和后勤保障，实现养老服务全过程的标准化管理。为配合养老服务标准化管理体系的建设，广州市在2017年开展了全市养老院服务质量建设专项行动，印发了《广州市养老院服务质量建设专项行动工作方案》，布置了养老机构服务质量万里行活动、扶持发展、巡查督导、人才队伍建设等11项工作任务，将广州市老人院确定为省级标准化示范基地，开展了各类养老服务从业人员培训、养老院院长培训、养老护理员培训和养老护理高级研修班等活动，推动实施养老机构责任保险，明确了要建立机构养老服务标准化管理体系。

4. 养老机构的星级评定

为鼓励养老机构提升服务标准和质量，2017年广东省民政厅出台《关于养老机构星级评定的管理办法（试行）》，首次在全省开展优秀养老机构评选活动。

本次评选经过了严格的程序把控。首先，由养老机构申报、民政部门初审，并经第三方机构根据广东省民政厅编制的《养老机构质量评价技术规范》进行评估。其次，由养老机构星级评定工作办公室抽查、省级民政部门审核认定。最后，进行结果公示。严格的程序保障了评定过程的公开公正，也保证了结果的公平透明。首批评定了一星级到五星级养老机构共99家。其中，广州市共有27家养老机构上榜，9家养老机构荣登五星级养老机构名单，为养老机构树立了质量服务的标杆。

广东省民政厅表示，星级养老机构的评定工作将作为提升养老机构服务质量工作的重要抓手，在前期评定工作的基础上，将不断改进认定流程和动态管理办法，使评定标准更符合广东省实际，确保通过等级认定等手段持续提高养老机构的服务质量和水平。

（二）社区居家养老服务概况

1. 社区居家养老及其功能

社区居家养老主要是指政府和社会力量依托社区，为居家的老年人提供养老所需的专业化服务。它以居家养老为主，以社区养老机构为辅，在社区建立起一个社会化养老服务体系，为家庭中的老年人提供养老服务。这种养老模式使老年人既能够居住在家庭中，得到亲人的照顾，又能够享受到社会提供的专业机构和人士的服务，提高晚年生活质量，体现出家庭、社会和国家共担养老责任的精神。社区居家养老的主要方式是提供上门个案服务，同时发展社区老年人日间服务机构，对老年人进行综合性的集中服务。

2. 社区居家养老服务设施

广州市是第一批中央财政支持开展社区居家养老服务改革试点的城市。社区居家养老被认为是解决广州市老年人问题的重要途径之一。早在2005年初，广州市就以原东山区为试点，进行社区居家养老服务的探索。同年，《广州市社区居家养老服务实施办法》颁布，越秀区、海珠区、荔湾区和天河区4区17个街道开展了社区居家养老服务试点工作。2006年，广州市民政局与多家相关单位联合印发了《关于进一步推进我市社区居家养老服务工作的通知》。2007年，市区全面推广社区居家养老服务工作。经过10余年的发展，根据广州市民政局发布的数据（截至2019年7月），全市共建成11个区级、153个街镇级居家养老综合服务平台，24个居家养老服务示范中心，170个日间照料中心，1 460个社区星光老年之家，188个社工站，1 144个农村老年人活动站，136个五保互助安居点，社区居家养老服务设施覆盖率达到100%。[1]

---

[1] 广州市民政局. 广州市民政局关于政协十三届广州市委员会第三次会议第5006号提案答复的函［EB/OL］.（2019-07-04）［2020-02-05］. http://mzj.gz.gov.cn/gzsmzj/jyta/201907/63a5f7e0904b43bc8875c87f2906e4b6.shtml.

值得一提的是，广州市在现有社区居家养老服务设施的建设基础上，寻求养老资源的高效利用，整合居家养老服务示范中心、家庭综合服务中心、日间托老中心、社区星光老年之家、农村老年人活动站点等场地、设施和资源，搭建"区级居家养老综合服务平台、镇街级居家养老综合服务平台、村居活动站点"3层实体平台，以需求为导向，打造社区养老服务综合体和助餐配餐等服务站点，注重服务能力的全覆盖，提高服务的易及性。2019年，广州市还着力推动具备全托、日托、上门服务功能的社区嵌入式养老机构的建设，探索为有集中照料和特殊需求的老年人提供综合型照护服务。

3. 社区居家养老服务质量

广州市近年来为不断提升社区居家养老服务质量，加大了政府投入，扩宽了服务覆盖面，优化了社区居家养老服务方式，为老年人提供越来越优质的养老服务。

广州市以政府购买服务的方式，不仅在整体上委托专业社工组织为社区老年人提供个案辅导、老年食堂、日间照料等服务，还设有一些政府购买社会工作专项服务。例如，空巢长者社会工作服务专项以不同类型的空巢老人为服务对象，通过专业社工的入户探访、社区转介等形式，发掘社区困境长者并了解其服务需求，通过开展长者个案辅导、协助申请政府援助、资源募集等手段为有需要的长者及其家属提供有效适切服务。据广州市民政局发布的数据，2017年广州市的社工服务站（家庭综合服务中心）服务社区老年人45.8万余人次；全市有109个街（镇）家庭综合服务中心开展了大配餐服务，占比65.66%；75个设有居家养老服务，占比45.18%；83个设有日托服务，占比50%；空巢长者社会工作服务专项年服务空巢老人16351人次；链接社区资源达100万元，累计链接社会资源物资价值近600万元，联动社区为老服务组织或平台超过537个。①

广州市政府根据《广州市社区居家养老服务管理办法》，以身体状况、年龄和收入等因素设置梯度化补贴标准，开展老年人照顾需求等级评估，将政府购买社区居家养老服务资助标准提高到每人每月400~600元，将符合条件的计划生育特扶对象、月养老金低于本市最低工

---

① 广州市民政局．广州市民政局关于市第十五届人大三次会议第20182172号代表建议答复的函［EB/OL］．（2018-06-11）［2020-02-05］．http://www.gzmz.gov.cn/gzsmzj/jyta/201806/1a91359c74f149188e6cf896146e17f7.shtml．

资的老年人、失能等困难老年人纳入资助对象。同时，鼓励各区、街镇在全市统一助餐配餐补贴之外扩大补助范围，通过慈善捐助和企业让利等方式覆盖更多老年群体。

在社区养老服务方式的优化上，广州市在以下方面进行了积极探索。一是提高运营经费。广州市以区、片区或街道（镇）为单位选定服务机构，承接康复护理、医疗保健、日间托管等服务项目，提高运营经费标准。区级居家养老服务综合平台每年运营经费不少于100万元，街镇级不少于60万元，社区老年人活动地点和农村五保安居点每年每个不少于3万元，其中，设置助餐功能的不少于5万元。二是创新运营方式。将为老项目整体或部分委托给有资质的服务机构，鼓励规模化、连锁化经营。三是制定规范标准。早在2016年，政府就启动了《广州市社区居家养老服务规范》的编制工作，经过几轮的修订和征求意见，于2017年11月正式发布。该规范明确了广州市社区居家养老服务的工作原则、服务设施配置要求、服务内容及要求、服务流程、服务监督等内容。这一规范的发布对于完善社区居家养老服务市场、提高养老服务质量有着重要意义。

4. 初步探索的社区医养结合

2017年，广州市人民政府办公厅印发实施《关于促进医疗卫生和养老服务相结合的实施意见》，提出到2020年，实现医疗卫生和养老服务的深度结合。其中，在社区层面，要求社区卫生服务中心设置中医综合服务区比例不低于85%，争取所有的医疗机构开设为老年人提供优先挂号、优先就医等便利服务绿色通道，65周岁以上老年人家庭医生签约服务覆盖率和健康管理率达到80%以上，实现具备医养结合服务功能的居家养老综合服务平台全覆盖。2018年，广州市卫生和计划生育委员会等4部门联合印发《关于进一步深化社区居家养老医养结合服务的实施意见》，要求对社区医疗卫生服务资源与养老服务资源进行整合、互补、共享，提供全方位、链条式、多功能的"医养结合"服务，实现社区居家养老医养结合服务的转型升级。

近年来，广州市积极探索"医院—社区—居家"医养结合联合体新模式，不断整合社区医疗资源，就近为老年人群体服务，形成了社区医养结合的创新路径。鼓励和指导社区卫生服务中心与就近养老机构、社区养老综合服务平台签订服务协议，建立紧密型医养结合服务机制，主动为养老机构、社区、居家的老人提供基本医疗、基本公共卫生和健康管理服务。截至2017年7月，广州市共设立社区卫生服务中心153个、社区卫生服务站166个、镇卫生院31个和村卫生站926个，138家社区卫生服务中心开展家庭医生服务，社区养老服务机构与基层医疗卫生机构签约服务率达31.2%，^①基本实现城市15分钟和农村30分钟卫生服务圈。2017年8月，广州市正式实施《广州市长期护理保险试行办法》，开展长期护理保险试点，提出职工医保的参保人员因年老、疾病、伤残等原因，生活完全不能自理已达到或预期将达到6个月以上，病情基本稳定且经鉴定评估符合条件的纳入保障范围，由长护定点机构提供基本生活照料服务、医疗护理服务。同时，广州市加大对社会力量举办和运营医养结合机构的资助扶持力度，按照不同经营性质、不同护理级别和在院户籍老人人数，给予每人每月100～500元不等的护理补贴，并增设医养结合补贴、等级评定补贴和机构延伸服务补贴3个补贴项目，新增对医养结合机构给予一次性补贴。目前，广州市养老机构医养结合覆盖率达到82%，29个首批长期护理保险定点机构中社区养老机构和居家养老服务企业占93%，长期护理保险基金实际支付比例平均为63.3%[②]。医养结合在社区的推进工作不断深化，有效减轻了失能老年人及其家庭的压力。

5."星光老年之家"行动

广州市从2002年开始从市本级福利彩票公益金中抽出资金，投入老年福利服务星光计划，建设"星光老年之家"，打造老年人托老、社交、文化娱乐和医疗康复的重要场所。"星光老年之家"最初的定位是在老年人出入方便、居民相对固定和集中、服务相对方便的地方，相邻社区设立的共享养老服务的为老服务平台。它的运营经费来源于政府资金补贴、市福利彩票公益金资助、服务收入、社会捐赠以及其他合法收入。

"星光老年之家"设立后，与社区居家养老服务的开展相结合，引入专业社会组织和专业社会工作者，发动义工参与运营服务工作，开展了收养托老、入户服务、紧急援助、日间照料、保健康复等一系列切合老年人需求的服务项目。当然，在"星光老年之家"的建设和运营过程中，也出现过管理混乱、变相收费、沦为社区麻将馆等现象。经媒体报道后，广州市开展了专项治理活动，使得"星光老年之家"真正成为老年人居家养老的服务窗

---

① 广州市人民政府．广州市民政局、广州市老龄工作委员会办公室关于印发《广州市老龄事业发展第十三个五年规划（2016—2020）》的通知［EB/OL］.(2017-08-04)［2020-02-05］. http://zwgk.gz.gov.cn/GZ09/8.1/201708/d0b0aa0d63db4697b34fe51535cbb791.shtml.

② 广州市人民政府．广州市民政局2017年工作情况［EB/OL］.(2018-02-02)［2020-02-05］. http://zwgk.gz.gov.cn/GZ09/8.1/201802/39210f5b17b3464fa31e6e8c3cc012dc.shtml.

口，回归其为老服务的基本宗旨和功能，并进一步明确其职能，对其运营加强了监管。经过几年的发展，广州市荔湾区花地街星光老年之家已经发展成为全国星光老年之家先进单位。

2010年，广州市再次整合养老服务资源，整顿和利用"星光老年之家"，在部分"星光老年之家"试点设立街道一级的居家养老管理服务机构。同年发布《广州市星光老年之家管理办法》。2012年，广州市印发《广州市星光老年之家年度考核和分类资助试行办法》，向社会公开每年度全市运营的"星光老年之家"的年度考核和分类资助结果。2015年，为推进日间托老机构的建设，一些条件比较好的街道级"星光老年之家"开设日间托老机构。2018年，广东省办公厅印发《关于全面放开养老服务市场提升养老服务质量的实施意见》，根据广东省和广州市的部署，未来的"星光老年之家"，还有可能借助社会力量的参与，改造建设成为小型社区养老院，支持提供助餐、助洁、助行、助浴、助医等综合性服务。

6. 长者饭堂项目

在生活基本需求中，"吃穿住行"中的"吃"始终是第一位的。对于老人的养老需求来说，解决吃饭问题是头等大事。

广州市贴近老年人的切身需求，以统筹推进中央财政支持社区养老服务改革试点以及社区居家养老服务"3+X"（助餐配餐、医养结合、家政服务3个基础项目+若干个特色试点项目）试点为契机，创新养老服务模式，从2016年开始发展以"大配餐"服务为重点的社区居家养老服务，依托"星光老年之家"和日托中心等推出了"长者饭堂"项目。2017年，广州市在以助餐配餐为特色的中央财政支持居家和社区养老服务改革试点绩效考核中，被民政部、财政部评为优秀；全覆盖社会化"大配餐"服务体系项目在第十二届中国全面小康论坛上荣获"2017年度中国十大民生决策奖"；"广州市建立'长者饭堂'提升社区居家养老服务水平"纳入广东省全面深化改革工作会议10个改革典型案例，向全省推广。截至2019年7月，广州市已建成长者饭堂1 031个，城乡社区覆盖率达到100%，惠及160余万长者，基本形成了"市中心城区10~15分钟、外围城区20~25分钟"的全覆盖服务网络。

为了优化长者饭堂的运营，广州市多次组织调研，召开工作会议和现场会议，根据"大配餐"运行过程中出现的问题进行集中解决。从2016年开始，由重在数量上的覆盖转向重在提升质量的特色服务，如越秀区开展的"5+1"智慧养老生态圈、天河区开展的长者饭堂融入医疗护理服务、白云区探索的老年助餐专区模式、番禺区引入多家大型知名餐饮企业增强供餐能力、增城区探索的长者饭堂公共责任保险的购买等。长者饭堂项目围绕长者配餐的特色创新试点服务全面铺开,广受老年人的欢迎。

(三)家庭养老的社会支持

依靠家庭养老是最古老最传统的养老模式,即便在倡导养老社会化的今天,家庭养老仍然是不可替代的基本养老方式。在"9046"目标体系下,我们也将家庭养老放在比重最大的"90%"部分。世界上一些社会化程度颇高的现代化国家,如新加坡、韩国等,受儒家思想的影响,也都极为推崇家庭养老。但是今天的家庭养老,又不同于传统完全依赖家庭内部供养老年人的模式,而是体现在"社会保障体系和社会服务体系"支持下的家庭照顾,是一种需要社会支持和介入的新型家庭养老。它以家庭为核心,以社区和社会资源为依托,发挥家庭和社会养老的优势互补,使得老年人在自己生活的家庭中,就能享受到社会化的养老服务,在经济补助、生活起居、医疗辅助、健康管理、个人照料和疾病预防等方面获得支持。从某种意义上说,在社会支持下的家庭养老,也是一种社会化养老,是社会支持延伸到家庭当中,帮助老年人及其家庭照顾者,以提高老年人的晚年生活质量。目前,广州市在家庭养老的社会支持方面,主要开展了4方面工作。

1. "平安通"建设

广州市"平安通"是根据市委、市政府提出的惠民66条措施,为老年人社区居家养老的需要而设立的信息服务平台。早在2005年,广州市就在越秀和荔湾两个区试点运行"平安通",2008年开始全市铺开推广。截至2019年初,"平安通"智慧养老服务用户超过9.7万人。"平安通"除了提供基础的紧急呼援功能外,还提供GPS定位跟踪功能、咨询转介功能、心理慰藉、定期关怀和提示服务,未来还有可能实现健康监测和移动医疗等服务。

广州市政府为特殊老年群体提供"平安通"服务,并将"平安通"服务作为智慧养老建设的重要举措。具体资助对象和标准参见表1-2。

表1-2 "平安通"资助对象和标准

资助对象	资助标准
60周岁及以上广州市户籍老年人： （1）最低生活保障家庭或低收入困难家庭中的独居老人、纯老家庭成员、1~4级持证残疾人、未入住养老机构的城镇"三无"人员和农村五保供养对象； （2）市级以上劳模、退役的1~6级残疾军人、革命烈士家属	政府全额资助"平安通"基本服务套餐费用，最高不超过30元/月
广州市户籍居民和持有本市有效居住证的非本市户籍人员中以下对象： （1）60周岁及以上的失去劳动能力的老年人、独居老年人（指无配偶、无子女，或配偶、子女一年及以上不在本市居住的老年人）； （2）80周岁及以上老年人	政府资助"平安通"基本服务套餐费用的70%

"平安通"自开通以来，为居家老年人提供了紧急在线呼叫服务，成了老年人居家养老的守护神，受到了老年人尤其是高龄老年人的欢迎。其成功运营也受到其他省市和地区的关注，先后有杭州市、深圳市以及香港地区相关部门来穗交流学习"平安通"运营经验。

2."银龄安康行动"

数据显示，截至2017年底，广州市的高龄老年人口（80周岁及以上老年人）为26.20万人，占老年人口比重为16.19%。随着老龄化程度的加深，高龄老年人口越来越多，高龄老年人遭受意外伤害的可能性增大。早在2014年，广东省民政厅、广东省老龄办就在广东省内全面推行老年人意外伤害保险项目。"银龄安康行动"的老年人意外保险由市福利彩票公益金出资，覆盖人群包括本市户籍60周岁及以上的享受最低生活保障待遇的城镇、农村老年人，享受低收入困难家庭待遇的城镇、农村老年人，农村户籍老年五保户，老年优抚对象，计划生育特扶老人，上述5类60周岁及以上的特殊困难户籍老人可享受24小时不限地域的意外伤害保障。同时，普通常住老年人也可以以自费参保的形式享受这一保障。截至2017年底，广州市已实现全市154.6万户籍老年人统保全覆盖，参保人数及参保率居全省之首，是全国率先实现老年人意外伤害保险政府统保全覆盖的省会城市之一。"银龄安康行动"提供的老年人意外伤害综合险突破了60岁以上老年人难以购买传统商业保险的限制，解决了老年人因意外住院照护费用不能由医保支付的难题，减轻了政府和个人的负担。

近日，为解决"银龄安康行动"理赔服务的"最后一公里"，广州市在全国范围内率先部署开展"银龄安康行动"驻点活动，组建超过3 000人的服务团队，深入社区，为全市2 638个居（村）提供一对一服务，为参保的老年人在居（村）委或街镇政务服务中心就近或上门提供咨询和理赔服务。这一驻点服务活动覆盖全市所有区域，保证每个居（村）每周驻点服务不少于一次，每次驻点不少于半天，实现定人、定时、定点、定责为居民提供服务。①

3. 老人照护商业保险

除上述"银龄安康行动"的政府统保之外，为减轻高龄失能老人的照护负担，2019年，广州市在全国率先实施高龄、重度、失能老年人照护商业保险。这一尝试采用风险共担的商业保险模式，为符合条件的老年人提供31项基本生活照料和19项医疗护理服务项目待遇，试行在医保参保人员中覆盖高龄（80周岁及以上）重度失能老人的照护保险。未来，改革的方向是探索医保参保人员外的高龄老人的商业照护保险的运行模式，以切实缓解高龄老年人的长期照护费用负担。

这一举措涉及商业保险、社会保障等多部门的职能衔接，是广州市长期护理保险制度试点改革的重要突破，更是以社会化保障体系支持家庭养老的重要表现。

4. 长者长寿保健金补贴

为积极推进适度普惠型社会福利服务体系建设，关怀老年人生活，广州市采取各种保障措施，加强老年人优待工作，发放户籍长者长寿保健金是其中一项重要举措。

根据《广州市老年人优待办法》规定，从2010年8月开始，具有广州市户籍并年满80周岁的长者，可以根据规定领取长者长寿保健金。在2011年7月，这一政策又进行了较大调整，按照"广覆盖、低标准、可持续"的原则，将长者长寿金的发放范围扩大至70～79周岁广州市户籍长者，同时提高了现行80周岁以上长者长寿保健金的标准。由此，广州市户籍的70～79周岁长者每人每月可领取30元长寿保健金，80～89周岁长者每

---

① 广州铺开"银龄安康行动"驻点服务［N］.中国社会报，2017-06-15（1）.

人每月可领取 100 元长寿保健金，90～99 周岁长者每人每月可领取 200 元长寿保健金，100 周岁以上长者每人每月可领取 300 元长寿保健金。每年在敬老节期间向广州市户籍百岁以上长者发放的每人 1 000 元的慰问金政策继续执行。

此外，老年人的精神生活与社会参与也获得了长足进展。截至 2017 年 7 月，广州市共有老年大学 19 所、老年学校 70 所、老年教学点 208 个、老年活动室 2 635 家、老年文体团队 1 841 个、老年学术组织两个，全市注册老年志愿者超过 10 万人。全市共有老年协会 2 466 个，实现了 95% 以上城镇社区以及 80% 以上农村社区的覆盖。[①] 精神文化生活的健康发展和社会活动的充分参与，是养老生活的重要方面，也是养老服务体系构建的应有内容。

[①] 广州市人民政府．广州市民政局、广州市老龄工作委员会办公室关于印发《广州市老龄事业发展第十三个五年规划（2016—2020）》的通知［EB/OL］.(2017-08-04)［2020-02-05］. http://zwgk.gz.gov.cn/GZ09/8.1/201708/d0b0aa0d63db4697b34fe51535cbb791.shtml.

第二章 广州市养老服务的制度体系

按照目前的统计和预测，世界上主要的发达国家和许多发展中国家都在进入和即将进入老龄化社会。中国是较早启动老龄化进程的发展中国家，是世界上老年人口最多的国家，未来中国老龄人口的增长数量和增长速度都将持续高于国际平均水平，不可逆转的老龄社会已经到来。人口的老龄化在经济尚未发达之前迅速到来，面对庞大的老年人群体，老年人的权益保障和需求满足，是养老服务体系建设的核心议题。要解决这一核心议题，则需要顶层设计，而顶层设计的主要表现，是制度的创设。制度是构建养老服务体系的根基，只有以较高的效力层级的制度体现养老服务体系构建的目标、原则、方向、模式等，才能够将养老服务的建设纳入规范化、法制化轨道。需要特别指出的是，在本部分论证中，本书将老年人权益保障纳入养老服务制度体系研究，因为从广义上理解，养老服务不可能与老年人权益的保障截然分开，服务的提供是因为权益的存在；在很多制度的规定上，也将老年人需求的满足作为权益保障的手段。因此，我们将老年人权益保障与养老服务制度合并考察，以形成对制度体系的完整认识。

广州市的养老服务制度体系，是一个具有层级效力的自上而下的体系，从国家法律、行政法规、部门规章和国家政策，直至广东省地方性法规、规章和政策，都构成了广州市构建和实施养老服务的上位制度环境。广州市需要在不与上位制度相冲突的前提下，根据自身情况，制定广州市的地方性法规、规章和政策。这样一个从国家到广东省直至广州市的庞杂的规范体系，就是现有广州市养老服务体系建设的制度依据。

笔者梳理了现行的涉及老年人权益保障和养老服务建设方面的法律、法规、规章和政策，以制度的效力层级为主要标准，按照国家、广东省和广州市的划分，将目前有效适用的制度规定列于下表，并对其做出具体说明。从制度的梳理和述评中寻求制度建设的完善，为广州市养老服务体系建设奠定基础。具体参见表2-1。

表 2-1　广州市现行关于老年人权益保障和养老服务建设的制度体系

制度体系	效力层级	主要制度
法律制度	国家法律制度	《中华人民共和国宪法》
		《中华人民共和国刑法》
		《中华人民共和国治安管理处罚法》
		《中华人民共和国民法通则》
		《中华人民共和国婚姻法》
		《中华人民共和国老年人权益保障法》
法规与规章	国务院法规和部门规章	《关于制定和实施老年人照顾服务项目的意见》
		《关于加强农村留守老年人关爱服务工作的意见》
		《关于进一步加强和改善老年人残疾人出行服务的实施意见》
		《关于贯彻落实新修改的〈中华人民共和国老年人权益保障法〉的通知》
		《关于推进医疗卫生与养老服务相结合指导意见的通知》
		《关于全面放开养老服务市场提升养老服务质量的若干意见》
		《关于加快发展商业养老保险的若干意见》
		《关于印发"十三五"国家老龄事业发展和养老体系建设规划的通知》
		《养老机构管理办法》
		《关于加强养老服务标准化工作的指导意见》
		《关于推进养老机构责任保险工作的指导意见》
		《关于鼓励民间资本参与养老服务业发展的实施意见》
		《关于中央财政支持开展居家和社区养老服务改革试点工作的通知》
		《关于推进老年宜居环境建设的指导意见》
		《关于开展居家和社区养老服务改革试点跟踪评估工作的通知》
	广东省地方性法规和规章	《广东省社会养老保险条例》
		《广东省老年人优待办法》
		《广东省老年人权益保障条例》
		《广东省养老服务条例》

续上表

政策	广州市地方性法规和规章	《广州市老年人优待办法》
		《广州市社会工作服务条例》
	国家政策	《关于进一步加强老年人优待工作的意见》
		《关于支持整合改造闲散社会资源发展养老服务的通知》
		《关于加快推进养老服务业放管服改革的通知》
	广东省政策	《广东省居家养老服务规范化指引》
		《关于加快发展养老服务业的实施意见》
		《关于促进医疗卫生与养老服务相结合的实施意见》
		《关于建立养老机构责任保险制度的通知》
		《广东省养老服务体系建设"十三五"规划》
		《关于进一步做好政府购买养老服务工作的通知》
		《关于建立经济困难的高龄失能等老年人补贴制度的实施意见》
		《关于全面放开养老服务市场提升养老服务质量的实施意见》
	广州市政策	《广州市福利彩票公益金资助特殊困难老年人参保老年人意外伤害综合险实施办法》
		《关于加快养老服务业综合改革的实施意见》
		《关于全面深化公办养老机构改革的意见》
		《关于印发〈广州市加强养老服务人才队伍建设行动方案〉的通知》
		《关于印发广州市公办养老机构入住评估轮候管理办法的通知》
		《关于印发广州市特殊困难老年人入住养老机构资助办法的通知》
		《关于促进医疗卫生和养老服务相结合的实施意见》
		《关于印发〈广州市社区居家养老服务评估指引（试行）〉的通知》
		《关于印发广州市养老机构服务人员就业补贴及岗位补贴试行办法的通知》
		《关于全面推行养老机构责任保险的通知》

一、广州市养老服务的制度建设

（一）法律制度

广义的老年人权益，包括老年人生存与发展权的实现。满足老年人养老需求，是老年人权益保障的应有之义。就国家法律体系的构成来看，老年人权益的保障，属于社会法法律部门。社会法是调整有关劳动关系、社会保障和社会福利关系的法律规范的总和。它从社会整体公共利益出发，对社会上劳动者和其他需要扶助的特殊群体的权益实行必需的、切实的保障，也包括社会福利方面的兜底性保障。对老年人权益的保护和养老需求的满足进行调整的制度体系，除全国人大及其常委会制定的法律之外，还包括国务院制定的行政法规及各部委制定的部门规章、广东省制定的地方性法规和政府规章，以及广州市制定的地方性法规和政府规章。从法律效力上来看，宪法具有最高的法律效力，其次为法律、行政法规、地方性法规和政府规章。广州市作为广东省省会城市，属于《中华人民共和国立法法》所规定的具有地方性法规制定权的"较大的市"，在老年权益保护和养老服务方面具有更多的立法自主权。近年来，广州市相继出台多部地方性法规、相应的政府规章和一系列配套政策，为广州市的养老服务发展提供了良好的制度环境。

综观现有立法对老年人权益保护和养老服务的规定，主要体现在以下 4 个体系中。

1.《中华人民共和国宪法》对老年人权益的规定

根据《中华人民共和国宪法》第 44 条规定："国家依照法律规定实行企业事业组织的职工和国家机关工作人员的退休制度。退休人员的生活受到国家和社会的保障。"第 45 条规定："中华人民共和国公民在年老、疾病或者丧失劳动能力的情况下，有从国家和社会获得物质帮助的权利。国家发展为公民享受这些权利所需要的社会保险、社会救济和医疗卫生事业。"宪法作为我国的根本大法，它对老年人权益的确认，是通过对权利进行保护以及促使权利得以实现的国家义务彰显的，这成为其他法律部门制定老年人权益保护和养老事业发展立法的根本依据。

2.刑法体系下的老年人权益保护

《中华人民共和国刑法》第 260 条规定："对未成年人、老年人、患病的人、残疾人等负有监护、看护职责的人虐待被监护、看护的人，情节恶劣的，处三年以下有期徒刑或者拘役。单位犯前款罪的，对单位判处罚金，并对其直接负责的主管人员和其他直接责任人员，依照前款的规定处罚。"第

261条规定："对于年老、年幼、患病或者其他没有独立生活能力的人，负有扶养义务而拒绝扶养，情节恶劣的，处五年以下有期徒刑、拘役或者管制。"这是现行刑法对于侵害老年人权益达到犯罪程度的虐待和遗弃等行为所进行的规制，是通过刑法特有的惩罚犯罪的方式反向保障老年人的权益。

3. 行政法体系下的老年人权益保护

行政法体系下的老年人权益保护，主要体现在对侵害了老年人的身心权益，但尚未达到犯罪程度的违法行为，给予行政上的治安处罚。《中华人民共和国治安管理处罚法》第43条规定："殴打他人的，或者故意伤害他人身体的，处5日以上10日以下拘留，并处200元以上500元以下罚款；情节较轻的，处5日以下拘留或者500元以下罚款。有下列情形之一的，处10日以上15日以下拘留，并处500元以上1 000元以下罚款：（一）结伙殴打、伤害他人的；（二）殴打、伤害残疾人、孕妇、不满14周岁的人或者60周岁以上的人的；（三）多次殴打、伤害他人或者一次殴打、伤害多人的。"这是在行政法视野下，用罚款、拘留等行政执法手段打击尚未达到犯罪程度的侵害行为。殴打、故意伤害老年人身体，成为行政处罚的加重情节，表达了行政法对于老年人这一特殊群体的特殊保护。

4. 民法体系下的老年人权益保护

民法体系下对老年人权益的保护，主要体现在《中华人民共和国民法通则》《中华人民共和国婚姻法》和《中华人民共和国老年人权益保障法》等法律规定中。《民法通则》第104条规定："婚姻、家庭、老人、母亲和儿童受法律保护。"《婚姻法》第2条规定："保护妇女、儿童和老人的合法权益。"现行《老年人权益保障法》是1996年颁布实施的，2012年为了积极应对老龄化社会的到来，根据经济社会发生的变化，第十一届全国人民代表大会常务委员会第三十次会议对《老年人权益保障法》进行了修订，最近一次修改是2018年12月29日第十三届全国人民代表大会常务委员会第七次会议做出的部分删减和增加。《老年人权益保障法》是我国新时代推进老龄事业发展和保障老年人权益的基础性法律根据。其中，有4个突出的亮点值得关注。

一是突出精神赡养。中国是有着悠久敬老孝老历史的国家，儒家的孝文化思想奠定了中国两千多年的养老观念根基。《论语·学而》中云："事父母，能竭其力。"《孟子·梁惠王上》中云："老吾老以及人之老，幼吾幼以及人之幼。天下可运于掌。"《孝经》中言："孝子之事亲也，居则致其敬，养则致其乐，病则致其忧，丧则致其哀，祭则致其严。五者备矣，然后能事亲。"尊老、敬老的传统构成了中国人根深蒂固的观念之一。在孝文化的形成和传承过程中，历经了内涵和外延的变化。例如，《论语·为政》中写道："子游问孝，子曰：'今之孝者，是谓能养。至于犬马，皆能有养。不敬，何以别乎？'""子夏问孝，子曰：'色难。有事，弟子服其劳。有酒食，先生馔。曾是以为孝乎？'"这里体现的就是"孝"内涵的变化，由注重"养"的物质提供，到增添了"敬"的精神反哺，两者共同构成孝的意蕴，缺一不可。按照孔子的理解，若精神上缺失了"敬"，便与犬马无异。因此，精神赡养从来都是"孝"中应有之义。将精神赡养写进法律，是《老年人权益保障法》的一项重大突破。《老年人权益保障法》第18条明确要求家庭成员关心老年人的精神需求，不得忽视和冷落老年人；与老年人分开居住的家庭成员，应该经常看望或者问候老年人。这些规定意味着，对老年人的精神赡养不再是"孝"的更高要求，而是它的最低标准。然而，精神赡养被写进法律，就使得道德义务上升到了法律义务的高度，法律义务却有着和道德义务不同的逻辑和要求。法律义务一般有着明确的行为要求和后果，而"道德规范的指示部分可能是明确或比较明确的，但其后果部分通常总是暗示的"，"社会上制定了许多道德规范，还未曾看到有关于违反道德的特定后果的规定"[①]。对于违反道德义务的制裁也多采用负面的舆论评价、谴责和批评等方式，与法律上的严格程序和特定机关的制裁有着明显的区别。因此，精神赡养能否解决明确的行为边界和确定的违反后果等问题，始终是其上升为法律义务的关键。关心、忽视与冷落，都是道德要求，关心、忽视和冷落的标准是什么？回家的频率达到什么程度是尽到法定义务？如何给这些边界模糊的行为以明确的指示或者设定外部衡量标准，一直是比较困难的事情。此外，从后果来看，如何制裁"未常回家看看"的行为？按照法律义务的逻辑，不符合法律规定的行为模式就要受到法律的制裁，不论行为人的行为是出于自愿还是被迫，出于惧怕还是盲目服从。然而，现代工业化生产体系造就的空间、时间支配权的转移、家庭文化和人格评价的变迁等，[②]使得精神赡养的法律义务构造需要被重新界定义务履行方式，增添必要的社会支持等客观条件，如此方能弥补道德义务被直接提升为

[①] 张文显.法理学[M].2版.北京：高等教育出版社，2003：472.
[②] 学者马生军、李少军认为，商品货币体制主导的工业生产方式对传统农耕体制内生的精神赡养客观构造及其保障机制进行了消解：空间支配转移和交通成本增加、时间支配权转移、农耕家庭文化衰落、知识传承与利用方式改变和人格评价孝道权重弱化。因此，需要在工业化背景下重新修复精神赡养的立法构造。参见马生军，李少军.精神赡养客观构造立法研究[J].河北法学，2018（12）：134-141.

法律义务时的模糊性和不可操作性的问题,以还原法律作为社会生活调节手段的明确性、精确性和严密性。

二是确立"意定监护"制度。《老年人权益保障法》第 26 条规定:"具备完全民事行为能力的老年人,可以在近亲属或者其他与自己关系密切、愿意承担监护责任的个人、组织中协商确定自己的监护人。监护人在老年人丧失或者部分丧失民事行为能力时,依法承担监护责任。"这是我国首次在立法中确立了老年人的意定监护制度。意定监护制度的确立,本意是尊重老年人的意愿,在老年人具备完全自由意识的时候依照自己的心愿预先决定和安排老年生活,较之于法定监护,意定监护制度更人性化,不仅能够促进老年人对养老的提早规划,还能够提高老年人的养老质量和提升其养老体验。因此,有学者将这一制度的设计目的界定为:"一是,以委托监护合同最大限度确保合同当事人自治(本人的自我决定);二是,配以必要的公力干预,以达到援助和保护本人的目的。"① 但是,《老年人权益保障法》对于意定监护的引入,并未形成完整的制度安排,现有的孤立的法律规定仅仅提供了其基本的原则,至于意定监护的适用条件、法定程序、监督管理,以及意定监护与法定监护的关系与衔接等,都没有做出相应的安排。虽然有《民法总则》关于"意定监护"制度的上位法在前,但该法有关意定监护的规定是针对成年人监护的,并非专门针对老年人,没有聚焦老年人特殊的监护需求和制度配套,也没有建立起关于意定监护人的选任,意定监护协议的订立、履行、变更和终止规则,监护监督机制等,因此,也就未能实现对老年人意定监护的有效调整。对此,有学者提出,应该借鉴西方老年人意定监护制度比较完善的国家和地区,进一步拓展意定监护的适用范围、丰富监护层次;从监护人的选任、监护合同的订立、监护合同的终止和撤销等方面进一步完善意定监护的具体程序和规则设计。②

三是提出开展长期护理保障工作。随着老龄化程度的不断加深,高龄老年人口的持续增加带来的是失能失智风险的提高。针对这一必然趋势,《老年人权益保障法》第 30 条规定:"国家逐步开展长期护理保障工作,保障老年人的护理需求。"老年人照料是当老年人的日常生活自理能力发生障碍,难以维持自身正常生活而产生依赖性需求时,家庭成员及外界所提供的支持行为。国家提出要开展老年人长期护理保障工作,被看作是具有突破性

---

① 李霞.意定监护制度论纲[J].法学,2011(4):122.
② 刘安宁.《民法总则》视角下的老年人监护制度研究:以意定监护为中心[J].辽宁师范大学学报(社会科学版),2018(2):15-17.

的规定，是我国面对老龄化程度不断加深做出的积极回应。按照通常的情况，发达国家和地区的长期照料服务体系是在完善养老、医疗保险制度之后建立起来的，但是这并不意味着只有在完善的养老和医疗保险制度的基础上，才能建立长期照料服务体系。尽管养老服务的水平需与社会经济发展水平相适应，但在家庭照料服务功能日趋弱化的今天，系统的长期照料服务体系的缺失，必将使得失能老人的生活难以为继。当然，将长期护理保障纳入法制轨道，还有很多配套制度需要完善，现行的《老年人权益保障法》仅仅给出了原则性要求，更多的是具有宣示意义，其他诸如医养结合的制度化保障、长期照护保险立法、专业照护人员的队伍建设、照护质量的评估制度等，都需要相关领域逐步获得制度上的完善。

四是完善养老机构准入和监管。2018年12月29日第十三届全国人民代表大会常务委员会第七次会议对《老年人权益保障法》进行了最新修正。其中，最为突出的修改是针对养老服务机构的。该法第43条规定："设立公益性养老机构，应当依法办理相应的登记。设立经营性养老机构，应当在市场监督管理部门办理登记。养老机构登记后即可开展服务活动，并向县级以上人民政府民政部门备案。"本项规定取消了原养老机构的设立许可审批，改为只需办理登记手续。这是为促进政府职能转变，进行"放管服"改革的重要举措之一。立法的这一修改，具有标志性意义，意味着放宽了行政许可审批，降低了养老机构的准入门槛，进一步放开了养老机构服务市场，为引入民间资本投入养老服务事业提供了便利。养老服务市场的放开将更好地满足老龄社会的需要，提升养老服务质量。

以上宪法、刑法、民法和行政法体系中关于养老服务和老年人权益的法律制度，作为地方性法规的上位法，是广州市构建养老服务体系的宏观法律环境。此外，制度构成中还包括行政法规和部门规章，也包括广东省为执行法律、行政法规的规定，或者属于地方性事务的事项而制定的地方性法规和政府规章，以及广州市作为"较大的市"一级立法主体制定和颁布的地方性法规和政府规章。

（二）法规和规章

老年人权益保障方面的行政法规不多，主要有2017年《国务院办公厅关于制定和实施老年人照顾服务项目的意见》等。部门规章主要有2017年《民政部、公安部、司法部等关于加强农村留守老年人关爱服务工作的意见》、2018年《交通运输部、住房城乡建设部、国家铁路局等关于进一步加强和改善老年人残疾人出行服务的实施意见》、2019年《民政部关于贯彻落实新修改的〈中华人民共和国老年人权益保障法〉的通知》等。

促进养老服务发展方面的行政法规主要有 2015 年《国务院办公厅转发卫生计生委等部门关于推进医疗卫生与养老服务相结合指导意见的通知》、2016 年《国务院办公厅关于全面放开养老服务市场提升养老服务质量的若干意见》、2017 年《国务院办公厅关于加快发展商业养老保险的若干意见》、2017 年《国务院关于印发"十三五"国家老龄事业发展和养老体系建设规划的通知》、2019 年《国务院办公厅关于推进养老服务发展的意见》等。这些行政法规对全国养老服务所涉及的政府部门的职能和职责、养老服务体系的构建等做出了相应的安排。部门规章则比较庞杂，主要有 2013 年民政部《养老机构管理办法》、2014 年《民政部、国家标准化管理委员会、商务部等关于加强养老服务标准化工作的指导意见》、2014 年《民政部、中国保险监督管理委员会、全国老龄办关于推进养老机构责任保险工作的指导意见》、2015 年《民政部、发展改革委、教育部等关于鼓励民间资本参与养老服务业发展的实施意见》、2016 年《民政部、财政部关于中央财政支持开展居家和社区养老服务改革试点工作的通知》、2016 年《全国老龄办、国家发展改革委、教育部等关于推进老年宜居环境建设的指导意见》、2018 年《民政部办公厅、财政部办公厅关于开展居家和社区养老服务改革试点跟踪评估工作的通知》等。

广东省的地方性法规和规章主要有 2014 年《广东省社会养老保险条例》、2014《广东省老年人优待办法》、2017 年《广东省老年人权益保障条例》、2019 年《广东省养老服务条例》等。

广州市的地方性法规和规章主要有 2001 年《广州市老年人优待办法》、2019 年《广州市社会工作服务条例》等。

各级行政法规的效力虽在法律之下，但是作为具有法律效力的规范性文件，一般是对现有法律规定的细化，或者是在制定法律条件尚不成熟时，以法规的形式代而调整相关领域问题；规章的效力又在法规之下，属于各级政府在其职权范围内，为执行法律、法规，或者为管理其行政区划内的事务而制定的规范性文件。从近年来规范性文件规范的领域和规制的频度来看，国家层面的法规和规章主要集中于宏观构建养老服务体系、推进养老事业发展，对养老服务业发展提出全局性和整体性部署，而广东省和广州市的地方性法规和规章则主要在上级规定指引下，构建地方养老服务体系，发展地方养老服务事业，并在社区居家养老等方面突出重点发展的方向，充分发挥了各层级规范性文件在老年人权益保障和养老服务业发展方面的制度引领作用。

（三）政策规定

除效力层级较高的法律、行政法规和规章外，尚有大量的政策性规范文件在指导老年服务事业的发展。从国家政策上看，主要有国务院办公厅、民政部、老龄委或者其他政府部门发布的关于推进养老服务业发展的有关通知、意见和办法等规范性文件和工作文件。主要包括2013年全国老龄办等24部门《关于进一步加强老年人优待工作的意见》、2016年民政部等《关于支持整合改造闲散社会资源发展养老服务的通知》、2017年民政部等《关于加快推进养老服务业放管服改革的通知》等。

广东省为落实中央工作部署，也根据本省情况制定了一系列配套的政策文件。如2013年广东省民政厅《广东省居家养老服务规范化指引》、2015广东省人民政府《关于加快发展养老服务业的实施意见》、2016年广东省人民政府办公厅《关于促进医疗卫生与养老服务相结合的实施意见》、2016年广东省民政厅等《关于建立养老机构责任保险制度的通知》、2016年广东省民政厅与发展和改革委员会《广东省养老服务体系建设"十三五"规划》、2016广东省民政厅《关于进一步做好政府购买养老服务工作的通知》、2016年广东省民政厅与广东省财政厅及广东省老龄工作办公室《关于建立经济困难的高龄失能等老年人补贴制度的实施意见》、2018年广东省人民政府办公厅《关于全面放开养老服务市场提升养老服务质量的实施意见》等。

广州市作为全国养老综合改革试点城市，按照中央和省级政府的要求，坚持问题导向，不断探索制度创新，积极推进实践，在全省乃至全国范围内形成了具有一定影响力和推广经验的制度创设。近年来，广州市在养老服务和老年人权益保障方面的规范性文件和政策主要包括2015年《广州市福利彩票公益金资助特殊困难老年人参保老年人意外伤害综合险实施办法》、2015年广州市人民政府《关于加快养老服务业综合改革的实施意见》、2016年广州市人民政府办公厅《关于印发广州市社区居家养老服务管理办法的通知》、2016年广州市人民政府《关于全面深化公办养老机构改革的意见》、2016年广州市民政局与教育局和财政局等部门《关于印发〈广州市加强养老服务人才队伍建设行动方案〉的通知》、2017年广州市民政局《关于印发广州市公办养老机构入住评估轮候管理办法的通知》、2017年广州市民政局、广州市财政局《关于印发广州市特殊困难老年人入住养老机构资助办法的通知》、2017年广州市人民政府办公厅《关于促进医疗卫生和养老服务相结合的实施意见》、2018年广州市民政局与广州市财政局《关于印发广州市养老机构服务人员就业补贴及岗位补贴试行办法的通知》、2018年广州市民政局《关于印发〈广州市社区居家养老服务评估指引（试行）〉的通知》、2019年广州市民政局《关于全面推行养老机构责任保险的通知》等。其中，《广州市公办养老机构入住评估轮候管理办法》得到了广东省政府的肯定，专门召开推介会议在全省范围内进行复制推广。

政策层面的制度主要是国家或地方的工作文件和规范性文件，是为了贯彻落实法律、法规、规章等的目标和任务而制定的具体措施，尤其是针对一个时期的重点工作领域和工作方向等提供政策性指导。这些工作文件和规范性文件是制度体系中不可或缺的组成部分，很多法律、法规和规章的制定，就建立在相关政策施行效果的反馈与经验总结的基础上。在养老服务体系建设方面，国家和地方政策可以起到引领和配合养老服务重点领域建设的作用，还可以为养老服务的区域性先行探索提供制度保障。

二、广州市养老服务制度体系述评

以上从立法到规范性文件和政策的梳理，大体勾勒了广州市老年人工作和养老服务业发展的制度框架，构成了广州市发展老龄事业的基本依据。制度的建设具有基础性、全局性、根本性和长期性的特点，养老服务体系的构建也必须制度先行，做到有法可依、有法必依。

从广州市现有的养老服务法律、法规、规章、其他规范性文件以及地方政策来看，养老服务的总体制度建设和基本框架已经形成，养老服务中最为核心的问题也有相应制度予以指引。但是也呈现了诸多问题，例如：养老服务的立法空白至今没有填补；养老服务领域以效力等级较低的政策指导为主；各规范之间的关系尚需理顺，各主要养老服务提供主体的权责尚需明确，政府与市场在养老服务产业中的分工和权责尚需规范；各级养老服务机构的运营模式、机构性质、管理监督、资金筹措、主要职能和法律责任等尚需对应的制度安排。此外，养老服务过程的规范化、养老服务质量的统一评价、养老服务效果的测评、反馈和奖罚机制等，都需要建立统一的制度体系予以规范指引。解决上述问题的关键在于制度的建立健全，只有改变现有宏观立法不配套、专项立法不系统的局面，才能为养老服务体系的构建提供全局性和根本性的制度指引。

（一）养老服务的立法空白

按照《中华人民共和国立法法》（以下简称《立法法》）规定，立法的层级从宪法、法律，到行政法规和规章、地方性法规和规章，以至地方性的规范性文件和政策，形成了制度效力由高至低的次第等级。就广州市养老服务的总体制度体系来看，从国家到省、市的立法权限明确而规范，但是也存在养老服务相关问题无法可依的情况，主要体现在广州市老年人保障条例和养老服务建设法规的缺失。

广州市的老年人权益保障基本上按照上位法，即国家的《老年人权益保障法》和广东省《老年人权益保障条例》执行，没有针对广州市的具体情况制定出台广州市的老年人权益保障方面的法规。广州市老年人权益保障的市级立法空白需要填补，以为广州市老年人在经济收入、医疗保健等方面提供基本制度保障，减轻他们的养老负担，提高他们的生活水平和质量。

养老服务领域的立法则更为滞后，养老服务本身需要统一的标准来保障服务质量，明确服务项目内容，确定服务提供者与享有者的权利与义务，并且需要有相应的依据在发生纠纷时明确各方责任。但是，我国养老服务领域的基本法律一直没能出台，使得养老服务的规范化标准没有基本法律的确认，这一国家层面的立法空白亟待不远的将来能够进入国家立法计划。由于国家层面基本立法的缺失，各地根据自己的情况，更加需要制定明确的制度指引。广东省根据本省实际情况，于2019年1月1日起实施《广东省养老服务条例》，这一养老服务省级立法的突破，对广东省和广州市的养老服务业发展、养老服务体系构建提供了基本的法律遵循。而广州市在养老服务领域的实践虽然比较充分，但法规建设尚未开启。

（二）养老服务的政策主导

通过对养老服务制度体系的梳理，仅从数量上来看，在养老服务领域，效力层级高的法律尚付阙如，行政法规次之，越往下，制度效力等级越低，数量越多，形成了制度效力等级与数量倒挂的现象。也就是说，在养老服务业的发展中，是大量的规范性文件、政策在主导，而真正应该起主导作用的法律法规要么处于立法空白，要么在现有条文中仅进行了有限的原则性规定，并没有覆盖推进养老服务业发展的基本要素，包括对养老服务主体权责的规定等都比较笼统。造成这种现象的原因，从养老服务业本身的发展来看，主要是由于行业发展不成熟，业态特点未充分暴露，以政策为主导，能够随着实践的推进，积累经验和做法，也可以在一些政策与立法空白的领域进行创新性探索，为未来的立法和修法提供借鉴和实践参考。也就是说，一些试行办法、指导意见本意是在实践中逐步积累经验，在立法条件不成熟时以政策来代替法律的运行对行业予以规范性指引。

但是，从长远来看，养老服务体系的构建，不能长期建立在政策性制度基础上。因为政策缺乏统一性和刚性的特点，会加剧制度的碎片化和制度之间的冲突，影响制度的相互衔接和体系的完整性，也存在着执行和落地的困难。广州市现有的养老服务政策，就是碎片化的呈现，缺乏统一的体系性指导，多以一事一策的方式，填补现有规定的空缺，或者关注于事后补救，缺乏具前瞻性的事前引领，造成了养老服务业发展中庞杂、零散而又各自为政的政策现象。

三、广州市养老服务制度体系的完善

（一）科学建章立制

在养老服务体系的构建上，广州市有很多实践上的探索和政策上的创新。例如，广州市开展的长者饭堂项目，不仅得到了广东省的肯定，也在全国范围内树立了创新养老服务的典型。2017年，广州市在以助餐配餐为特色的中央财政支持居家和社区养老服务改革试点绩效考核中，被民政部、财政部评为优秀，全覆盖社会化"大配餐"服务体系项目在第十二届中国全面小康论坛上荣获"2017年度中国十大民生决策奖"。"广州市建立'长者饭堂'提升社区居家养老服务水平"被纳入广东省全面深化改革工作会议10个改革典型案例，向全省推广。此外，广州市为解决公办养老机构一床难求的轮候现状，引入老年人入住需求的评估体系，并优化轮候办法，出台《广州市公办养老机构入住评估轮候管理办法》，获得了省委省政府的肯定，被省委全面深化改革领导小组列为可复制推广的创新经验做法，广东省民政厅专门发文推广复制广州市的创新经验，以推动全省养老服务业的快速发展。类似这样的成功经验层出不穷，需要不断上升到制度层面予以确认，以此形成对相关领域的稳定指引。

广州市作为《立法法》规定的具有地方立法权的"较大的市"，享有在不与宪法、法律、行政法规和本省地方性法规相抵触的前提下，根据本市的具体情况和实际需要，制定地方性法规的权利。从立法的数量和覆盖的养老服务领域来看，广州市尚未充分利用这一立法权限。在老年人权益保障和养老服务体系构建等方面，广州市可以根据上位法的规定，结合本市自身的特殊性，实现立法层面的突破，以填补相关立法的空白。此外，上文提到的一些广州市成熟的经验和做法，也需要提升到制度层面予以归纳。一些成熟的，能够指导广州市养老服务进行较为充分探索，并且取得了较为丰富的实践经验成果的政策，可以适时推动其率先上升为地方性法规，不能试行多年、指导多年仍然停留在政策性文件的层面，降低了其指导效力。只有将养老服务的总体部署和价值理念等在法律中体现出来，形成稳定的权威认同，才能形成构建广州市养老服务体系的有力推动。

无论是立法还是制定政策，都需要采取科学严谨的态度，严格规范程序，从政策起草、审议到表决，充分吸纳利益相关者的意见，才能形成较为科学的决策。很多法律和政策因其不具实际操作性而被诟病，根本原因在于，在多种利益竞争、冲突的领域，立法和政策如何贯彻它的宗旨，不是单纯依靠先在理念就能够解决，它必须要通过前置的充分调研、各方利益相关者的权益博弈，使意见被制度体系吸纳并最终通过特定技术表达出来。"任何立法者的判断都不能取代利益相关者自己的判断"，"在民间社会有组织的表达严重不足的情况下，个体意见的表达，即使数量巨大，仍不足以形成高度理性的有组织力量，更无法独立对立法产生实质性的影响"[1]。因此，广州市在结合自身情况构建养老服务体系过程中，制度的构建要走到前面，而建章立制的科学性是核心要求。

（二）突出重点领域的制度建设

根据广东省《养老服务体系建设"十三五"规划》、广州市《关于加快养老服务业综合改革的实施意见》《加强养老服务人才队伍建设行动方案》和《关于促进医疗卫生和养老服务相结合的实施意见》等一系列规范性文件的要求，广州市养老服务体系建设的未来制度发展，应着力聚焦如下3方面的制度建设。

1. 长期护理保险制度构建

长期护理保险是在应对人口老龄化加深，特别针对老年护理需求和医疗费用负担持续增加的背景下提出的。它主要是指，在被保险人因疾病、意外或年老而带来的身体机能衰竭等状况导致的慢性病而需要接受护理服务或进行援助所产生的长期护理费用进行经济补偿的一项社会保障制度。[2] 长期照护对我们现有的保险制度提出了挑战。尽管诸多保险机构都在针对老龄化的趋势探索开发新的保险项目，包括广州市在2015年启动的"银龄安康行

---

[1] 杜宁宁.强者理念与弱者理念的对弈：论劳动法双重视角的碰撞［J］.湖南大学学报（社会科学版），2016（2）：152.

[2] 李兵.我国构建长期护理保险制度的可行性与必要性探讨［J］.改革与战略，2015（3）：64.

动",都是对老年人进行保障的积极尝试。但长期照料服务不同于一般的老年人服务,它是一项涉及所有老年人的普遍性问题。对长期照料的忽视必将导致老年人晚年生活质量的下降,或者导致沉重的家庭和社会负担。广州市在2018年提出了"构建符合国家顶层设计又具有广州特色的长期护理保险制度",为未来长期护理保险制度的建设和发展设定了目标。因此,广州市在养老服务制度建设中,应着力制定有关长期护理保险的规则制度,包括保险基金的筹措、提取、使用、运行、管理和监督等,为广州特色长期护理保险制度的建设提供规范化指引。

另外,与长期护理服务相关的其他方面,如长期照料服务机构的标准体系建设,长期照料服务的机构、人才、设施等软硬件的配备,以及长期照料服务的配套制度和管理监督制度等,也需要长期的论证和培育。这些工作应该在现阶段逐步纳入制度覆盖计划并有组织地展开,以应对未来的需要。

2. 医养结合制度建设

医养结合式养老,不仅是广州市致力于构建的理想养老模式,也是国家提出的未来养老服务发展的基本模式之一。2017年,广州市人民政府办公厅颁布了《关于促进医疗卫生和养老服务相结合的实施意见》,使得医养结合式养老有了方向上的指引。该《意见》进一步指出,到2020年,广州市要实现医疗卫生与养老服务的深度结合,基本适应老年人健康养老服务需求,实现具备养老功能的医疗机构和具备医疗功能的养老服务机构的服务覆盖城乡的目标。但是,就目前的实施情况来看,随着医养结合程度的加深,深层次的问题开始暴露,越来越多体制上的障碍开始出现,妨碍两者的深度融合。医养结合急需机制上的衔接以及配套制度的跟进。

一是机构功能衔接上的困难。在现有体制内,医疗机构和养老机构是两种不同性质的服务机构,它们在审批、运行和监管上有着诸多差异,承担着不同的社会功能。这种社会功能相对固定,且都在现有功能定位下超负荷运行,很难再在现有基础上增添新的功能。从目前来看,广州市并没有给出两类机构明确的改造目标,只是初步提出了500人以上的大型养老机构必须创造条件内设护理院、医务室或门诊部的要求,也就是有限提出了将医疗功能渗透到养老机构承担的养老功能中,以此作为现有条件下医养结合的一个路径。同时,也并没有为医疗机构如何兼容养老功能给出明确的安排。这些情况说明,无论是医疗机构还是养老机构,都很难通过简单的功能叠加和合并就能实现医养结合的目的。

二是医养结合模式的争议。医养结合究竟以"医疗"为主,辅以养老功能,还是以"养老"为主,辅以医疗功能,无论在理论上还是现实中都存在争议。这种争议的背后是因人而异的具体需求。需求不同，其侧重点也就不尽相同。无论按照哪一种模式构建，都需要对现有资源进行大调整，其代价必然高昂。广州市选择了利用现有社区卫生服务中心等基层医疗资源，有限地尝试医疗服务进入和融合社区居家养老模式，通过签约家庭医生等方式实现医疗资源对居家老人健康护理的渗透。这是在现有条件下探索医养结合模式的有益尝试，而这种结合模式能否常态化，以及如何常态化，尚有待制度上的确认。未来，医疗和养老的深度融合模式、养老的综合服务模式等方面的探索，也亟待制度做出安排。

三是资金来源上的瓶颈。医养结合养老模式最大的制约来自资金。现有社会保障体系内，能够提供对医疗和养老保障资金支持的是参保个人的医保金和养老金。但是，在现有体制下，医保金和养老金的管理分属不同部门，其覆盖人群、提取条件、异地接续和管理办法等均有着明显差异。要想实现两者的混用，存在着诸多制度上的制约。因此，对接医养结合养老模式的构建，社保金的管理必然面临着重大改革，需要做出相应的制度调整。至于其他资金来源，除政府的公共财政投入外，还需要多方面吸纳社会资本的注入，而如何吸纳、管理和使用这些资金，也需要做出相应的制度安排。

上述3方面的困境与障碍，是构建医养结合养老模式需要解决的最为核心的问题。打通医疗与养老资源在体制机制上的界隔，不宜采取资源部署的重新洗牌方式，以免对利益格局、治理体制和社会稳定造成威胁。广州市目前采取的稳步推进和相互渗透的模式更为稳妥，用试行办法和意见等地方性政策对重点问题进行实践探索上的指引，再利用政策的绩效评价对试行办法和意见进行评估与反馈，推动成熟的地方性政策通过立法及时上升为地方性法规，为未来逐步形成稳定的法律指引奠定基础。

3. 养老服务标准体系的建设

为规范养老服务，实现养老产业"工作质量目标化、工作方法规范化、工作过程程序化"目标，2014年民政部等部门颁布了《关于加强养老服务标准化工作的指导意见》，推进全国范围内的养老服务标准化工程建设。养老服务标准体系是养老服务标准按照其内在联系形成的科学的有机整体。它是以服务通用基础标准体系为基础、服务保障标准体系和服务提供标准体系为核心的科学的服务业组织标准化结构框架形式。凡是养老服务范围内需要协调统一的服务质量、服务管理、服务工作要求，都应该制定服务标准，并纳入养老服务标准体系。[①] 建立和完善养老服务标准体系，可以为养老

---

① 田维. 浅谈养老服务标准体系的建立[J]. 中国标准导报, 2012 (6): 34.

服务划定基准，并提供养老服务人才管理、服务规范、质量控制、环境建设和应急响应等方面的统一要求，促进养老服务水平和质量的逐步提高。

广州市在养老机构标准化制度建设方面的成就较为突出。2017年6月，广州市发布了《广州市养老院服务质量建设专项行动工作方案》。根据该《方案》要求，到2020年，养老机构标准化建设、标准化管理将成为广州机构养老服务的常态。早在2011年，广州市老人院就被民政部确定为全国首批民政范围管理标准化建设试点单位。此后，该院根据养老机构标准化建设工作的需要，启动全面标准化建设，先后被评为中国社会福利协会养老服务机构标准化试点单位、广东省服务业先进标准体系试点单位，2016年又被确认为"标准化良好行为"AAAA级养老机构。该院探索的涵盖医疗、护理、康复、社工、行政管理和后勤保障等各项工作都有相应的标准化规范指引，成为制定广州市机构养老服务标准化的样本。

未来广州市养老服务标准体系的建构，应立足于现有经验，将养老服务标准化建设扩展到服务设施、服务队伍、服务管理等领域，经过充分调研和评估，把建立养老服务保障标准和养老服务提供标准作为养老服务标准化建设的目标，搭建起"以养老服务通用标准体系为基础、以养老服务提供标准为核心、以养老服务保障标准体系为支撑的覆盖养老服务全过程的标准体系框架"①。

---

① 田维.浅谈养老服务标准体系的建立［J］.中国标准导报，2012（6）：35.

第三章 广州市养老服务的人力资源体系

应对人口老龄化,所有制度和体系设计的落实,最终都需通过人的传递。人力资源是推进养老服务事业发展最核心的资源。走向深度老龄化,是我国今后很长一段时间内都不会改变的基本国情,老年学科的基础研究将变得越来越重要,养老服务需求将呈现持续增长的态势,养老服务人才培养体系的构建成为当务之急。

从人才培育视角看,应对老龄化趋势,需要科学的教育准备,没有教育体系对老年专业学科的确立,就没有老年专业的科学发展,其学科的特殊规律和价值也就无法凸显。从职业发展视角看,养老服务人才亟待确立其职业地位、明确其职业权责、畅通其职业规划,唯此养老服务作为一个职业才能逐渐走向成熟,才能留住现有从业人员,并逐步吸引更多更高端人才的涌入。

一、广州市养老服务人才队伍建设概况

根据目前广州市老龄化的速度,在可预见的未来,越来越多的老年人群体将逐步迈入高龄,对老年服务人才的需求将持续增加。但是,在广州乃至全国,专业的老年服务人才显得极度匮乏。笔者调研得到的数据显示,截至 2016 年底,广州市养老机构从业人员为 9 018 名。其中,一线养老护理员大约 5 000 人,持有国家职业资格证书的有 4 140 人。即便在正在从事老年人服务行业的人员中,其流失率也非常高。广州市民政局统计显示,广州市养老护理员的流失率一般在 40% 左右,个别民办养老机构的养老护理员流失率甚至高达八成。这还仅是针对持证养老护理员的统计,在全市养老机构中,90% 以上的护理员没有职业证书,若将这部分人员也纳入统计范围,其流失率将更为惊人。除此之外,由于专业人才的匮乏,还有大部分养老机构的服务仍然停留在饮食照料、清洁卫生、简单生活护理等传统照料方式上,缺少护理、医疗康复、心理疏导和精神慰藉等方面的专业化服务,不能

满足老年人的多样化需求。事实上，整个养老服务行业需要大量专业性服务和管理人才来弥补人才缺口。

针对这一现实，2016年，广州市政府颁布《广州市加强养老服务人才队伍建设行动方案》，提出到2020年广州市养老服务人才队伍建设的总体目标，即"建立健全以职业技能培训为主，以养老职业教育为辅，用人单位在岗培训和社会继续教育与职业培训相结合的养老服务人员教育培训机制；建成一支具有崇高职业道德、熟悉现代服务理念、掌握先进专业技术和精湛专业技能的人才队伍，养老护理员达到2万名；全市养老服务机构一线从事护理、康复工作人员培训率100%；每个社区居家养老服务机构配备具有养老服务职业资格或社会工作者职称的专业人才；养老护理员中级以上职业资格占20%以上、技师占2%，养老服务职业化、专业化发展水平不断提高"。

（一）扶持养老服务专业发展

与发达国家和地区的成熟的养老服务体系相较，养老服务人才的缺乏是制约我国养老服务走向职业化和专业化的瓶颈之一。我国系统的养老服务专业教育、专业化的校院系设置均缺乏科学的规划和指导，直到2003年中国人民大学首设老年学专业，才正式开启本科高校设置老年学相关课程的历史。把养老服务作为系统的专业设置，则最早开始于职业教育领域。1999年大连职业技术学院率先在国内开设老年服务与管理专业，其后国内多所职业院校开始开设同类专业。2010年北京社会管理职业学院依托其开设的特色专业"老年服务与管理"建立了"中国养老服务教育联盟"，2012年该院又受民政部委托筹建全国老年服务与管理专业指导委员会，并于2013年11月召开了老年服务与管理专业指导委员会会议，标志着老年专业人才培养开始步入规范化发展的轨道。[①] 此后，在政策的扶持下，我国养老服务专业发展开始步入快车道。根据2015年高等职业学校专业设置备案结果数据统计，目前全国已有756所高职院校开设了养老服务相关专业，其中有112所高职院校开设了老年服务与管理专业。

为加强养老、护理专业人才的培养和储备，2016年广州市出台了《广州市加强养老服务人才队伍建设行动方案》，明确广州市将大力扶持老年服务与管理专业，并积极推进养老服务学历教育，市属5所院校开设养老服务相关专业，4所技师学院开设老年服务与管理专业。2014年，由广州市发改

---

① 赵恩兰，宋丽萍. 论老龄社会与高职院校服务人才的培养［J］. 中国青年政治学院学报，2014（5）：54.

委确定的首开的重点扶持专业——老年人服务与管理专业开始招生。作为广州市中职、技校招生的扶持专业，该专业在中职招生中的待遇是三年学习期间学费全免，毕业后的就业也能得到扶持和保障。

广州市技师学院是广东省内最早开办老年服务与管理专业的技工院校。该校以"校企双制"与"弹性学制"相结合的创新办学方式，与广州友好老年公寓合作开办老年服务与管理专业，培养造就了广州市第一批技工院校学历证书与国家职业资格证书双证毕业的养老服务专业技能人才。2015年，该校成功开办全日制三年制中级班，2016年又与广州广泰投资有限公司合作开办"老年健康管理班"企业订单班，瞄准企业需求，实现精准培养，学生毕业并通过企业测评后，直接实现定向就业，在不断开拓办学模式和创新培养养老服务人才方面做出了有益的尝试。

广州市政府除加强对老年人服务与管理专业的扶持外，还与中职、技校联合，酝酿多途径拓展该专业学生的职称评定等途径，规定高中毕业或年满17岁报读该专业的学生，可以同时报读成人大专医学康复技术，考取国家职业资格证、社工资格证，毕业前获得中高级养老护理员资格证书的人员可以加分入户广州市等。这些政策的酝酿和制定，有利于迅速扩大老年人服务和管理人才队伍的储备，未来充实到各类养老、托老机构、社区服务中心、镇街居家养老服务部、军队离退休干部休养所、非政府组织（NGO）和老年大学等从事老年服务管理等工作，为广州市养老服务体系的构建做好充分的人才准备。

（二）促进养老服务职业发展

广州市针对养老服务行业人才缺口较大和人员流动性过高等问题，有针对性地进行了一系列改革尝试，创新人才培养机制，提高行业待遇。

广州市采取减免学费和培训费用、保障一线护理员最低薪酬、加强养老护理员社会保障（包括公租房、外地护理员积分入户和子女入学、健康体检）等方式，吸引人才进入养老服务行业。2017年，广州市共组织369名劳动者参加了养老护理员免费培训，83人获得了养老护理员资格证书，并成功申领了个人技能晋升培训补贴[①]；22名劳动者自费参加了养老护理员培

[①] 自2014年开始，广州市实施不分户籍、终身补贴的均等化劳动力技能培训制度，规定凡符合条件的在穗务工人员，通过自学或参加培训取得养老护理员职业证书，均可获得技能晋升培训补贴。其中，初级和中级1 600元、高级2 200元、技师和高级技师2 500元。

训；2017 年有 13 名外地户籍护理员通过上述政策遴选入户广州市。

2017 年，广州市举办了首期"养老机构高级养老护理员培训和国家职业资格鉴定班"培训活动，对老年人生理与心理特点及其护理、老年人营养护理、老年人常见疾病护理和危重病护理等方面进行系统学习。学习结束经民政行业广东省职业技能鉴定中心进行理论和技能考核，鉴定合格者，由民政部颁发高级养老护理员国家职业资格证书，这一尝试有利于推动养老护理员职业的发展和行业的规范，是养老护理员朝着专业化队伍迈进的重要一步。同年，广州市第四届产业人员职业技能竞赛首次将"养老护理员"列为竞赛项目，试图通过竞技的方式，促进养老护理员对职业技能的掌握，并进一步提高其责任意识和职业意识，不断改善服务质量。

为加强行业吸引力，提高养老服务从业人员的待遇，《广州市加强养老服务人才队伍建设行动方案》中明确提出要建立养老服务就业和岗位补贴制度。2020 年，广州市民政局和财政局专门印发《广州市养老机构服务人员就业补贴及岗位补贴试行办法》。根据上述政策文件，对入职广州市民政部门认可的养老机构，从事康复护理等养老服务一线工作满 3 年，并与所在机构签订 3 年及以上劳动合同的中等职业技术学校（技工院校）全日制毕业生、高等院校全日制毕业生及技工院校全日制高级工班和预备技师班毕业生，分别给予一次性 5 000 元和 10 000 元的就业补贴金。对入职广州市经民政部门许可的养老机构，从事一线养老护理工作满 5 年、满 10 年的养老护理员，分别给予一次性 5 000 元、20 000 元的艰苦岗位补贴。就业和岗位补贴制度的设置，在一定程度上提高了养老服务行业对毕业大学生的吸引力，也提高了在岗养老护理员的职业待遇。吸纳更多高素质人才持续从事养老服务，是促进养老服务业职业发展的重要举措。

此外，广州市还出台了一系列政策，扶持和激励人才进入养老服务行业，充实现有人才队伍。主要包括：2013 年，广州市实施《广州市促进困难群体就业补贴办法》，对符合条件的居家养老社区公益性岗位给予累计不超过 3 年的社会保险补贴，对"4050"人员、特困人员和零就业家庭等失业人员从事居家养老社区服务，在签订合同期限内给予每人每月 80 元补贴；将养老护理员纳入《广州市积分职业资格及职业工种目录》，规定符合条件的来穗工作养老护理员可以申报入户并获得相应补贴积分；广州市来穗人员服务管理局与广州市住房和城乡建设局出台了《来穗务工人员申请承租市本级公共租赁住房分配实施细则》，将养老护理员纳入优先配租人员范畴；广州市人力资源和社会保障局落实《广东省省级劳动力培训转移就业专项资金管理办法》，养老护理员在获得本省颁发的资格证书的情况下，1年内可申请1 600~2 500元不等的技能晋升培训补贴等。

二、广州市养老服务人才队伍建设中的问题

广州市为填补养老服务人才的缺口，从专业和职业方面大力扶持养老服务业的发展，形成了基础教育与职业培训相结合、顶层设计与政策落地相结合、本地培养与外来吸纳相结合的特色方案，充分鼓励养老服务人才的培育和壮大。尽管如此，在广州市，养老服务行业无论从职业成熟度、发展前景还是现实待遇等方面，仍未对人才形成强烈吸引力。这样的职业与就业现状，必然影响和制约老年人服务相关专业学科的繁荣。养老服务从业人员缺口的长期存在，不仅影响现有政策的贯彻落实，影响老年人的养老质量，从根本上说，也会对养老行业的职业认同和发展前景形成破坏。

（一）人才培养和储备不足

根据国家公布的数据预测，老龄化浪潮来势汹汹，我国到2025年预计将有2.2亿老龄人口，仅就护理人员来看，实际需要的人员数目大概为4 000万，广东省养老护理人才缺口也不少于30万，据估算广州市的养老护理人员缺口则达7 000多人。这些数据仅仅是养老护理员的缺口，如果将养老服务所需的康复人员、社会工作者和一些中高层管理人员一并纳入计算，这个缺口将更为巨大。此外，在养老事业不断推进的过程中，无论是养老机构的全面市场化引起的养老机构和养老床位的扩张，还是医养结合等新型养老模式的深入发展，都导致养老事业对人力资源的需求与日俱增。

然而，养老服务业市场上对人才的极大需求却并没有引起相关专业学校教育的活跃。一方面，实践中养老服务从业人员严重匮乏；另一方面，高等院校中老年人相关专业招生频频遇冷，与养老挂钩的学历教育招生困难重重。根据国家有关数据，目前在全国招收养老服务专业的院校中，仅有30多所院校能够实现连续3年招生，在校人数不足4 000人。即便频繁出台政策扶持本科高校、高职高专和中专技校等开展老年人服务相关学历教育，报考该专业的学生依然不多。2013年开始招生的广州医科大学卫生职业技术学院计划招收50个名额，却仅有6人报名，首次开张的老年人服务管理专业乏人问津。全国各地的老年人相关专业的招生工作都遭遇了同样的境况。

即便在现有的从业人员中，人员结构也存在不少问题。仅就需求量最大的养老护理员来看，其从业者多为外来务工的农村转移劳动

力、"4050"人员，或者下岗再就业人员，文化素质低、专业技能差、年龄普遍偏大和流失率严重是其主要特征。这样的一支从业队伍，既没有年轻劳动力的储备，也没有熟练的专业知识技能，更没有中高级管理人才的加入，由此决定了服务的供给仅仅停留在家政护理等基础层面，养老服务的质量难以提升。更为严重的后果是，现在这种低龄老人伺候高龄老人的状况将会随着少子化、晚育化趋势的出现而逐渐消失，年龄偏大的从业者自己也会逐渐达到其退休年龄而退出职业生涯，没有接续的后备人才补充，未来养老服务业人才的匮乏将以渐进式姿态暴露，这也是从国家到地方都在不断强调养老服务人才培养的根本原因。

为什么中央和地方不断出台政策刺激高等学校老年人相关专业的招生，却仍然无法吸引人才的涌入？经过笔者的研究，可以从以下3个方面探究其原因。

1. 观念陈旧导致专业认同欠缺

在中国人的传统观念中，养老是家庭的事情。人在进入老年生活之后，由其家庭成年子女担负赡养的职责。在家庭之外从事养老服务，则被认为是低人一等的伺候人的活计。除非实在找不到工作，否则，人们一般不愿意从事养老服务。此外，从社会角度看，从事养老服务尤其是养老护理工作，通常不被看作是一个体面的、正式的职业，而是一种活计累、待遇差、没前途的工作。社会对该职业的认知不足，评价较低，因此较难吸引高端和年轻劳动力的加入，其成为一种正式的专业和职业仍需要经历较长时间来进行观念上的转变。

2. 市场定位失准导致人才培养粗放

在院校中设置一个新专业，首先要明确人才培养目标，进而围绕培养目标，科学规划课程体系，形成精准培养。一般人才培养目标是以市场需要为导向，尤其是在老年人学科和为老年人服务等专业上，如果不能瞄准市场需求，将导致人才与市场不匹配，无法发挥其作用。现有养老服务人才培养基本从职业素养、专业技能和就业方向3个层面加以概括，每一层面都力求涵盖该方面所有内容，跨度大、定位广，专业技能的普适性及就业方向的模糊性使得国内各高校的老年服务和管理专业的人才培养目标过于宽泛，[1]希望培养万能型养老服务人才，反而使得人才培养过于粗放，失去了精准定位，不能适应市场需求，反向导致老年专业的招生困难。

---

[1] 李红武. 养老服务专业人才培养的现状及对策分析[J]. 老龄科学研究，2014（7）：55.

3. 课程设置零散导致核心能力不强

老年人和为老服务相关专业的课程设置需要长期的科学论证，要尊重学科发展的规律，形成科学的学科体系。其基础性研究周期较长，产出较慢，需要国家的长期投入和培育。只有在学科体系成熟的基础上，形成统一的课程规划和指导，才能逐步形成规范的课程体系。但是，现有的开设老年学科的实际做法，是各院校依靠现成的人才培养目标、教学传统、办学和师资优势等形成各自独立的课程体系。这种课程体系虽然便于开展教学，但因缺乏统一的规范而五花八门，造成很多学生都毕业于"老年服务与管理专业"，所学课程却大相径庭，掌握的核心技能也千差万别，"如何在专业课程建设上增强系统性、规范性以及在核心课程设置方面增强相对统一性，是老年服务与管理专业建设面临的一大课题"[①]。

（二）职业与行业发展状况窘迫

1. 职业身份和定位的不明确

一个成熟的行业，必然有着数量庞大的职业群体。从业人员的职业状况也在一定程度上标志着行业发展水平。与老年人相关的职业，通常包括对老年人进行健康和护理专业人员、老年产业从业人员、老年工作管理人员、老年社会工作者等。上述人员称谓虽在不同场合被使用，但是与老年人相关的职业究竟有哪些，他们的职业名称又怎样界定，现阶段并没有清晰的确认。笔者查询了人力资源和社会保障部发布的"职业/工作（资格）标准目录"和"国家职业资格目录"，进入国家职业标准目录的只有"养老护理员"和"社会工作者"，进入国家职业资格目录的仅有"社会工作者"。而其他名称和类别的从业人员，既没有权威的职业名称发布，也没有进入国家职业资格目录，多是其他职业的从业者在为老年人服务。因而这部分从业人员往往是根据老年工作的实际需要，做什么工，干什么活，就叫什么名字，如老年营养师、老年心理咨询师、老年产业营销师等。这种现象首先是因为一些新职业的出现，或者一些旧职业出现了新变化，这些新职业或更新的职业还没有被纳入国家职业/工种（资格）目录。其次，很多职业的划分不是以人员从事的领域为标准，而是以其专业知识和技能为划分依据。如医生的职业，以掌握的技能为不特定人群服务，并不因其服务人群的区别而界定其身份。又如，从事老年人服务的社会工作者，也仍然是社会工作者的职业人身份，只是服务人群有所不同。因此，类似老年营养师、老年心理咨询师等未进入职业目录属正常现象。但

---

① 李红武. 养老服务专业人才培养的现状及对策分析[J]. 老龄科学研究，2014（7）：55-56.

是，一些新的专业性较强的职业身份，如医养结合养老模式探索中需要的医疗保健和养护人员，需要独立的、专业的技能，已属于新的职业类型，无法被现有职业所涵纳，需要国家予以确认其职业标准，设定其准入资格，以此减少从业者身份认定上的困难，更好地明确养老服务领域中从业人员的职业身份，如此也能够提升从业者的整体素质，吸纳更多高端人才进入该领域从业。规范的职业体系，是行业成熟的标志之一。

2. 职业待遇偏低与权利保障欠缺

就现有养老服务从业状况看，从业者年龄结构不合理，无法吸纳年轻人才和高端劳动者的原因，还在于行业整体待遇不高、权利保障不足、职业前景不容乐观。以养老护理员职业为例。2017年年中，笔者参加了广州市松鹤养老院举办的"护理员日"开放活动，以普通市民身份进入养老院参加护理体验，并对部分工作人员进行了访谈。据松鹤养老院有限公司总经理劳伟敏介绍，该院现共有床位900张，养老护理员130人，护理员的平均工资水平在4 000~5 000元，相对于其他养老院已经是较高的水平，养老护理员的缺口长期在一至二成。"养老护理员的工作非常繁重，入住养老院的老人以不能自理或者半自理的居多。以我们院为例，七成以上老人需要养老护理员专员照顾。其中，老年痴呆病患者就有100多人，都需要专业照顾。"养老护理员工作任务重，整体工资水平却不高，这是造成护理人才长期供应不足的原因之一。对于从业人员的情况，劳经理介绍，松鹤养老院的护理员多为"4050"人员，家在农村的居多。由于护理工作的需要，养老院实行两班倒工作制。护理工作脏活累活多，一班12小时的工作时长，护理员的劳动强度可想而知。工作强度与收益不成比例，导致很多人不会把养老护理员作为职业首选，更遑论职业的成就感、获得感等。即便是在岗的养老护理员，也有很多人表示"这个活不会做太久"。王护理员说："现在我拿到的工资，还不如普通的家庭保姆。如果挑好的家庭去做，工作强度没有这么大，赚钱要比现在轻松得多。"黄护理员说："要求又高，责任又大，真的不想长期做下去。我掌握的技能如果去做月嫂，能拿到我现在（月薪）两个月（两倍）的工资喽。"访谈接触到的多名护理员均存在类似的观点。

作为一个专业性较强的职业，护理院、老人院对养老护理员的要求越来越高。养老护理员不仅要考取护理员证书，掌握专业的技能技巧，包括医学基础知识、心理慰藉技巧、应急抢救技能等，还要满足护理员的职业培训要求、岗位提升要求，履行所在单位的规章制度和其他劳动合同义务。在他们看来，规范的职业要求应该与高水平职业收入相匹配，现实却是从业要求越来越高，工资水平却长期低水平持续。这是养老行业人才缺口长期存在、人才流失率高的根本原因。此外，养老护理员还有可能在从业过程中遭遇老人出现意外事故、伤亡等特殊状况，家属的不理解或者单位的追责制度等，使得护理员在从业中承担不小的风险。广州市民政局在2019年出台了《关于全面推行养老机构责任保险的通知》，提出了到2020年全市养老机构责任保险全覆盖的目标。这一规定虽然能够在一定程度上减轻养老护理员的责任风险，但是任何成熟的职业都必然要承担一定的职责风险，养老机构仍然可以按照事故责任追究护理员的失职之责。与此同时，养老护理员自身的权益也无法得到充分保障。很多机构没有按照规定为入职的护理员购买社会保险，法律规定的其他劳动权利经常遭受克减，其权益受损情况时有发生。这样的从业整体环境，让很多人在选择职业时对养老行业望而却步。

三、广州市养老服务人才队伍建设规划与构想

养老服务人才队伍的建设，无论从专业的培育，还是从职业的发展来看，都存在不成熟、不充分的问题。教育提供了一个行业未来发展最基本的知识普及和技能习得，提供了行业未来从业者的人才储备。此外，某一职业的专业伦理和共同的价值取向等，也是在专业教育中获得的。没有专业教育就没有职业的发展，而从业现状和职业前景，又反向影响着社会及从业人员的专业认同和院校中的专业繁荣。专业教育越充分，职业的发展才越有后劲；职业发展越成熟，专业教育才能越繁荣，两者能够形成良性的互动。

（一）创新人才培养方式

在我国，老龄产业是一个朝阳产业，老年人服务及其相关专业是一个新兴专业，也是一个新兴职业。然而，这一"朝阳"迟迟未能升起的根本原因，在于人才培养模式僵化，跟不上老龄化趋势不断加快的步伐。养老服务人才队伍建设，要注重多层次分级培养，精准对接养老事业项下不同领域和岗位对人才的需求，做到高端管理人才培养和日常生活照料人才培养双管齐下，高等教育、职业教育与短期培训齐头并进。

1. 注重高等教育和基础研究

注重高等教育和基础研究的目的是培育养老服务高端管理人才和高水平研究人才。随着老龄化程度的加深和养老事业的不断发展，仅仅停留在对老年人实践层面的日常照护远远不能将养老服务称为一个专业、一个产业和一项事业。养老事业的未来发展将遭遇的更大困境势必在于行业高级管理人才的匮乏和老年学科基础研究的不足，"市场上已投入试运营的中

高档养老社区、养老机构的投资者普遍最纠结的问题是项目找不到合适的中高层管理人员"①。而高级管理人才和学科基础研究人才的培育都与老年学科和专业的发展息息相关。每个专业都有科学的知识体系，在专业科学知识体系的发展上，高等学校（包括职业院校）扮演着重要的角色，"专业科学知识体系的系统化（发展成课程）、结构化（组合成专业课程计划）、合法化（课程和计划获得确认的过程）和传承（传授给准专业人员——学生）主要是在高校中完成的"②。当一个专业的科学知识体系被系统地、普遍地组合成高校的学位课程时，一个成熟的专业才有可能出现，修完这些课程的毕业生才会成为该领域的准专业人才。在学者赵康提出的成熟专业的判断上，知识和相应的教育是成熟专业必要的衡量标准之一。而学科的培育、知识体系的构建和学生的技能习得，都是一个相对较为漫长的过程。所以，要尽早酝酿、长期培育，不断提升高等教育层次，探索开设老年学科硕士与博士学位学历教育，以期在未来为老年事业的发展提供强有力的理论和学科支撑，提高老年科学整体研究水平和老年事业管理水平。当然，学历教育也可以打破传统高校教育的模式，探索"校企合作""校院合作"等新模式，开展养老服务人才的继续教育和远程学历教育等，促进养老服务高等教育的繁荣发展。

2. 确立职业教育在人才培养上的主导地位

2019年4月，教育部、国家发改委、财政部和市场监管总局联合印发了《关于在院校实施"学历证书+若干职业技能等级证书"制度试点方案》，部署启动"学历证书+若干职业技能等级证书"（以下称1+X证书）制度试点工作。这是当前我国职业教育改革的重要部署，也是一次重大的创新，意味着在整个教育体系中，职业教育的作用逐渐明确并凸显，即培养复合型技术技能人才。该方案同时要求，将首批启动5个职业技能领域试点，其中老年服务与管理位列其一，"老年照护职业技能等级证书"确定为参与首批试点的有关职业技能等级证书。这一方面反映了老年照护人才已经成为国家和市场急需的人才类型，另一方面意味着职业教育将在老年日常照护人才的培养上发挥主导作用。广州市早在2016年颁布的《广州市加强养老服务人才队伍建设行动方案》中，就确立了到2020年要建立健全"以职

---

① 赵恩兰，宋丽萍.论老龄社会与高职院校服务人才的培养［J］.中国青年政治学院学报，2014（5）：55.

② 转引自赵康.专业、专业属性及判断成熟专业的六条标准：一个社会学角度的分析［J］.社会学研究，2000（5）：34.

业技能培训为主,以养老职业教育为辅,用人单位在岗培训和社会继续教育与职业培训相结合的养老服务人员教育培训机制"。该《行动方案》也明确了将职业教育作为养老服务人才教育培训的主要方式。

在老龄化程度不断加深的今天,固然需要从基础上培育老年人相关专业知识体系和严谨的学科体系、形成共同的专业组织和职业伦理、加强养老服务的实证研究、强化政府的市场保护等,但是也需要针对现实需求,实行更为灵活的人才培养模式。相较于学历教育的长周期培育,从事老年人日常照料的人才所需的技能并不复杂,培养周期相对较短,教育产出效率却更高。广州市人民政府在2015年颁布的《关于加快养老服务业综合改革的实施意见》中提出,要扩大中等职业教育免学费政策范围,将养老护理和社会工作等专业纳入扶持专业目录。这就从客观上要求现有职业教育不断提升其培养能力、提高其培养规模,中职和高职教育应该将技术技能型人才的规模性培养纳入总体规划,在专业设置和招生规模上做出进一步调整,在开展学历教育、夯实学生可持续发展基础的同时,多渠道创新培养模式,通过探索订单式、菜单式培养,或者承接在岗人员的深造教育等方式,鼓励和培养学生拓展面向社会的就业创业本领,逐步与高等教育规模和功能达到平衡之势,平分人才培养之秋色。高等教育定位为培养具有创新精神的高等本科教育人才,中职和高职教育则承担起为社会输出具有工匠精神的高等职业教育人才之责。如此,人才培养才能逐步走向规范化和规模化的常态,养老人才培养更是如此。

3. 发挥短期培训的优势

系统的学历教育大多适用于还未进入职场的学生,而对于市场急需岗位、现有人才的技能提升、级别晋升需求等培养要求,学历教育则难以满足。这时,短期培训的优势便显现出来。这也是学历教育频遭冷遇,短期培训班却经常性火爆的原因。具备"短平快"优势的短期培训班,可以直接针对市场需求,缓解市场压力,迅速补充人才缺口,发挥其灵活性、补充性和快速适应性等特点。未来短期培训可以尝试探索更为灵活的培训方式,如采用周末班、网络班、送课上门等形式,适应市场的多样化需求。此外,为了充分发挥短期培训的优势,首先,要规范培训主体资质,将不符合资质的培训机构排除在培训市场之外。其次,加强培训质量监管,对课程体系、教师资格和教材质量严格把关,提升培训实效性和课程质量。最后,加强组织管理,对违反培训管理规定,甚至利用培训收取劳动者押金、扣留劳动者身份证明等侵犯劳动者权益的违法情况,要诉诸法律,追究责任人责任。

以上,笔者将养老服务人才培养进行了分级分类。分级培养模式能够根据实际需求将养老服务人才精准细化,不同层次的培养方式直接对接不同的人才培养目标,这样既能够避免教育资源的浪费,形成产学研的良性互动,也能够因人因需,保障输出人才的数量和质量,是养老服务人才培养方式走向整体化、精细化和精准化的必由之路。

(二)改善从业环境与提升职业地位

养老服务作为一项新兴事务,围绕老年人事业形成了一系列相关职业,包括直接从事养老服务的一线工作,从事老年科学研究、养老服务管理工作,以及老年服务周边产业形成的职业等。总体来说,直接从事养老服务的一线工作人员职业处境不佳,从业环境和职业地位有待提升。以养老护理员为例,前文提及,工作繁重而待遇较低,同时社会评价不高,是养老护理员最为诟病的职业缺陷。为了扭转这一现象,需要从根本上提升其职业待遇,落实其权益保障,理顺其晋升通道,提升其职业形象,为养老护理员打造一个良好的从业环境和良性的发展空间,以此推动社会观念的更新,并逐步壮大养老护理人才队伍,为养老事业的发展提供优良的、可持续的人力资本。

1. 打造合理的薪酬体系

在市场经济条件下,行业竞争力的指标包括该行业的总体薪酬情况、社会美誉度、职位晋升空间、行业潜力前景等要素。其中,核心指标之一在于从业者薪酬体系是否合理。如果低水平的劳动报酬长期持续,将很难用其他条件予以弥补,也无法吸引高学历、高技能人才的涌入。人才的培养本身需要教育成本和时间成本的投入,如果其薪酬无法与其先前付出相匹配,行业必然处于不良发展状态。

为扩大养老服务人才的数量、提升养老服务人才的质量,我们需要构建更为合理的薪酬体系,以留住现有人才,并吸纳更多人才。合理的薪酬体系构建应包括以下3个层次。

(1)提升行业的劳动报酬基准

对于整个养老服务业而言,需要遵守国家劳动立法的基本规定,执行最低工资制,这为从业劳动者的劳动报酬划定了最低界限。一般各地根据本地区经济社会发展水平,制定各自的最低工资标准,基本上实现了最低工资的持续增长机制。此外,要鼓励养老服务行业协会的积极参与,形成从业人员薪酬的集体协商机制,通过缔结集体合同等方式为从业者争取高于最低工资的劳动报酬。这需要健全行业协会和工会组织,发挥其参与劳动关系协调、集体协商的功能。同时,各地根据自身养老服务业发展的现实情况和需要，也可以制定促进行业发展的薪酬激励机制，在政策上确认更为优厚的薪资报酬。在《广州市加强养老服务人才队伍建设行动方案》中，明确养老护理员的薪资比照环卫工、民办教育机构教师基本工资标准执行，确定了承接政府购买服务或享受政府资助的机构，其全日制就业劳动者的最低薪酬不低于当年度广州最低工资标准的 1.5 倍，非全日制就业劳动者的小时工资不低于广州市非全日制职工小时最低工资标准的 1.5 倍。由此确立了在普通最低工资之外的"最低工资"。这是为了扶持行业发展而制定的特殊举措和重要突破，是养老行业获得政府保护的典型证明。参照这样的保护思路，未来可以探索在工作时间、晋升标准和市民待遇等方面予以养老护理员更大范围的倾斜，或者制定人才保护阶段性激励时间表，逐步提升养老行业的整体薪资与待遇水平。

（2）优化企业的薪酬激励机制

在探索宏观政策的倾斜之外，从业人员毕竟就职于各种类型的养老产业机构与企业中。随着养老市场的全面放开，国家取消了养老机构的许可制度，进一步降低准入门槛，更多民营资本开始进入养老行业。作为市场竞争中的主体，企业以营利为目的。养老行业中的各类机构与企业，除保留公益性质的福利性养老机构（由政府全额拨付资金）和半公益性质的养老机构（政府资助部分资金，不足部分靠机构自身营利补充）外，还存在着营利性养老机构，他们要满足一般企业的生存发展需求，也就是要充分参与市场的竞争。企业的竞争力如何，一定程度上取决于其薪酬机制是否合理，能否充分发挥激励作用以匹配企业竞争战略。"企业竞争战略的实现需要合理的员工行为来支持，而合理的员工行为又需要相应的薪酬体系去引导"[①]，企业需按照市场的需要，构建合理的薪酬分配和管理机制，实现对员工的有效激励。这样不仅能刺激员工充分发挥个人的人力资本价值，还能提高企业在行业中的竞争地位。这种竞争一旦进入良性循环，将极大改善整个养老服务业的薪酬现状，并逐步按照市场法则实现劳动力与薪酬的最优配置，长期低水平持续的薪酬状况就会逐步消失。

（3）健全劳动报酬的保障机制

获得劳动报酬，是劳动者权益中的核心权益。劳动者的报酬权，不仅仅包括按照法律的规定，依法取得其劳动所得，还包括当其劳动报酬权遭受侵害时，能够依据法律的规定维护自己的合法权益。劳动报酬，包括正常工

---

① 李军，潘澍之. 竞争战略与薪酬体系匹配对企业绩效的影响 [J]. 湖南师范大学社会科学学报，2010（5）：79.

资、津贴、奖金、补贴和其他应得利益，也包括按照法律规定应得的五险一金等社会保险和福利待遇等利益。劳动者的权利对应的是用人单位的义务。因此，要不断强化用人单位的责任。例如，确保用人单位加强劳动者的劳动保护和职业防护，按时足额缴纳社会保险费和依法以货币形式发放劳动者报酬等，就成为用工主体最主要的责任。在对养老机构和企业进行劳动监察时，其职工的劳动报酬发放情况应该是企业劳动法执行情况的重要监管内容。同时，要提高劳动者的法律意识，畅通劳动者的维权通道，提高其权益受损时的维权意识和能力。

2. 强化劳动权益保障

除劳动报酬权之外，劳动者的核心权利还包括就业权、休息休假权、获得劳动安全卫生保护的职业安全权、接受职业技能培训的权利、提请争议处理的权利等。为了保障劳动者的就业权，国家通过各种渠道不断开辟就业岗位，一些新增的就业岗位专门为新兴的养老事业而设，如政府购买的养老服务岗位和养老服务项目、公益创投等，就是在为劳动者就业权的实现而创造条件。为保障劳动者休息休假权、职业安全权等权利的实现，劳动保障监察制度要加大对用人单位劳动法执行情况的监管，尤其是对养老机构和企业进行监督。通过监管督促其保障从业人员的合法权益，减少侵害劳动者权益情况的发生。为保障劳动者接受职业技能培训权利的实现，养老机构和企业等要积极履行义务，为职工参加技能培训提供时间、资金等条件上的支持。为保障劳动者提请争议处理权的实现，国家不断理顺劳动争议调处机制，形成了多渠道可利用的方式帮助从业人员维权，"劳动争议发生后，劳动者可以与用人单位协商，或者请求工会或第三方共同与用人单位协商，达成和解协议；不愿协商、协商不成或达成和解协议后不履行的，可以向调解组织申请调解；不愿调解、调解不成或达成调解协议后不履行的，当事人可以向劳动争议仲裁委员会申请仲裁；不服裁决的，除法律另有规定外，可以向人民法院提起诉讼"。这一劳动纠纷调处模式，为养老服务行业从业者提供了较为周全的救济措施，以应对权益受损的情况。

此外，为构建和谐的行业环境，养老服务业从业人员的权益保障还要积极探索新的保障路径和模式。养老服务的行业性质，决定了其服务对象多为老年人群，开展场域多在社区和基层，整合工作在基层的各方主体，能够集中发挥各自的优势，为从业人员劳动关系的顺畅和基本权益的保障提供新的思路。笔者认为，结合基层打造"共建共治共享"治理新格局的开展，可以积极利用参与基层治理的多元主体，充分发挥单位党委、工会组织、人民调解委员会、居（村）民委员会等组织的力量，结合社区公益律师、社会工作者、劳动关系协调员、志愿者等在基层服务主体的专业优势和资源优势，利用基层治理创新的新机制，如社区民主议事厅、三社联动机制等化解纠纷，将争议调处和权益保护的主导力量向基层下沉，由此缓解纠纷进入司法系统所带来的压力和不良后果，为和谐职业关系的构建创造条件，也为行业美誉度和职业形象的提升奠定基础。

3. 畅通职业晋升渠道

十九大报告在总结过去改革开放成就和历史重大变革的基础上，确立了实现美好生活的新目标。毋庸置疑，和谐的职业关系，是美好生活的重要组成和应有之义。一个人在一生中经历的最为重要的社会关系之一，就是职业劳动关系。职业关系不和谐，生活的幸福和美好就无从谈起。追求职业上的成功，是每个职业人的梦想，也是对自身学习成长经历、实践经验积累的最好回报，和谐有序而又充满希望的工作愿景，是从业人员辛勤工作、不断向上的动力。因此，对一个新兴行业的扶持，离不开对其职业晋升通道的理顺和对其职业未来前景的规划。而目前政策的着力点更多在于对基本服务需求的铺开、养老服务体系框架的搭建、行业资源投入上的倾斜、准入门槛的宽待和从业人员福利待遇的扶持等方面。对于养老服务行业的总体规划和职业定位并不是特别清晰。就养老服务行业的职业定位来看，有人把它归结为服务行业的新分支，有人把它并入老年产业群。无论怎样划分，其职业规划都应该具有顶层设计。以养老护理员为例，从国外的经验看，走专业化和职业化之路是未来养老护理员职业发展的必然选择。

（1）建立完善的技能等级评价体系

逐步建立和完善对养老护理员的职业技能等级评价体系。2017年，为贯彻国务院提出的简政放权、放管结合、优化服务的精神，进一步规范执业资格设置管理和职业资格制度改革，人力资源和社会保障部在《关于公布国家职业资格目录的通知》中大幅度删减了原有职业的资格认定，养老护理员就位列被取消的职业资格目录中。也就是，从事养老护理员工作不再要求职业资格的认定。但是，无论从养老护理员职业本身的性质看，还是从国家对养老护理员的职业技能要求看，其职业资格认定的取消并不意味着职业技能要求的降低。"养老护理员的工作是涉及老年人人身服务的职业，在生活护理中涵盖法律法规、生活服务技能、沟通技巧等内容，是直接关系公共安全、老人健康和生命财产安全的职业"[1]，养老护理员的专业技能、业务素

---

[1] 卓永岳，卢亦鲁. 取消养老护理员职业资格后的思考与建议[J]. 社会福利，2018（3）：61.

质、服务态度和价值取向等有着与其他职业不同的较高水准的要求。不进行国家统一职业资格认定，不是放松了对职业的要求和监管，而是放开对市场的束缚，让行业能够发挥更大的自主性吸纳就业和开展创业。2019年9月，人力资源和社会保障部、民政部联合颁布《养老护理员国家职业技能标准（2019年版）》，完成了年初国务院办公厅在《关于推进养老服务发展的意见》中提出要"在今年9月底前，完成制定实施养老护理员职业技能标准"的任务。该标准在2002年和2011年版本基础上，在增加职业技能要求、降低入职条件、拓宽职业空间、缩短晋级时间等方面，进行了重大修改。这一职业技能新标准的发布，为建立完善养老护理员职业技能等级认定工作的开展提供了新的依据。同时配合上文提到的"1+X证书"制度的试点运行，养老护理员的职业技能等级鉴定和评价体系正在逐步形成。

此外，针对养老护理员职业资格认定被取消的问题，笔者认为，职业资格不仅仅在某种程度上代表行业与职业的严肃性和专业性，也在一定程度上标志着职业的标识化和社会的认可度，更是从业人员在职业资格体系内按照级别不断提升自己的根本依据。职业晋升渠道是否通畅和是否可预期，往往能够左右劳动者的职业选择和职业规划。我们建议未来可以根据老龄社会发展的新态势和养老服务业发展的新变化，考虑重新设置养老护理员的国家职业资格，建议可以把养老护理员职业资格先纳入国家水平评价类职业资格，进行统一的规划和管理，再逐步过渡到准入类职业资格。

（2）构建与职业技能等级相匹配的激励体系

在能够广泛开展养老服务业从业人员的职业资格认定和职业技能等级评价的情况下，应该将从业人员的技能等级与其工资福利挂钩，完善等级工资制度，落实等级待遇制度。劳动者在进行职业选择时，必然会综合考虑该职业的未来发展前景和自身在该职业中的发展空间，职业技能等级的设置不仅能够提供一个衡量从业人员劳动力输出质量的客观标准，促进整个行业的专业技术标准的统一，还能够为劳动者提供一个相对稳定的预期，也就是根据职业的资格和技能的等级确认来实现自身在职业生涯中物质利益的回报和职业价值的追求。养老服务行业想要吸引新生代劳动者，必须关注他们在进行职业选择时的偏好和导向。与年龄较大的从业者相比，新生代劳动者更加关注职业带来的成就感和价值感，更加注重职业的软环境。要使养老行业符合这些劳动者的职业预期，不仅仅要完善薪酬机制，更要关注职业所提供的软环境的改善，如企业文化的营造、尊严与价值的体认、发展方向的指引等。全方位的激励机制的构建，能够为从业人员提供包括薪酬在内，又不仅限于薪酬激励的多层次动力系统，以此吸引年轻劳动者加入，激发现有劳动者的积极性，打造一支有朝气、有干劲、有奔头的养老服务从业队伍。

4. 提升职业形象与地位

要改变过去对养老服务业的刻板印象，需要全社会重塑养老服务职业形象和地位。在通常的认识中，很多职业被贴上了标签，尤其是一些劳动密集型的服务类职业，多被贴上负面标签，强化了社会对这一职业群体的总体印象，进而可能催生从业人员的负面情绪，而这种负面情绪反过来又会强化人们对这一职业的消极评价。恶性循环的结果就是把职业分了高低贵贱。然而，在平凡的岗位上做出不平凡的业绩、成就不平凡人生的例子比比皆是，任何职业都具有平等的社会价值。以养老护理员为例，养老护理员是为老年人提供护理服务的专职人员，他们对于满足老年人多方位养老生活有着重要的意义。养老护理员的工作内容不仅包括对老年人的日常生活照料，还包括疾病护理和心理抚慰等，需要养老护理员具备护理、康复、急救、膳食、心理等多方面的专业知识，并具备相应的包括应急在内的多项实践能力。养老护理员是多学科知识构建起来的复合型专业人才。而且毋庸置疑，这一以弱势群体为服务对象的职业，必然对从业者的道德水准和奉献精神要求更高。因此，这一职业的工作要求较高，工作内容较广，工作难度较大，是社会发展中不可或缺的能够做出巨大贡献的重要职业之一。就公民个人而言，无论是谁，无论其曾经在体力上、年龄上、社会角色上和资源占有上具有多大的优势，最后都会步入老年，身体机能的衰退将不可避免地到来。养老服务是社会成员的刚性需求，是老年生活必不可少的社会支持，是新兴服务业。因此，无论是从社会发展还是从生命个体来看，养老服务行业与职业从事的都是高尚而充满价值的劳动，给予从业人员应得的社会地位和尊重极为重要。

（1）增强从业人员的职业认同

职业认同，最早源于社会认同理论，"是个体对某一职业形成的相对稳定的态度，是对自身职业角色以及职业责任的认知，包括职业中体现的态度、信念和标准"[①]。职业认同作为身份认同，意味着个体将自身职业作为核心自我概念的程度，也意味着个体能从符合社会期望的职业价值观与模式中获得的满足感。因此，很多学者的研究表明，职业认同与职业幸福感和自我效能感等紧密相关。职业认同是从业人员从与服务对象和周围人群的互动中获得的，既相对稳定，又呈现动态发展。养老护理业从业人员的职业认

---

① 转引自陈文春，张义明，陈桂生. 从职业认同到工作投入：公共服务动机的中介作用与自我效能感的调节作用［J］. 中国人力资源开发，2018（2）：119.

同,是在养老护理员在与服务对象、所在机构或企业、行业中的不特定人群的互动中建立起来的。有学者将在这种互动中形成的职业认同分为3个层次,即组织认同、群体认同和价值认同,以此推论改善职业认同需要通过3个层次互动中的协同努力。[①] 具体来说,从业人员的职业认同通过以下3个渠道能够得以逐步建立。一是从业人员所在的机构或企业,要增强团队建设和文化建设,营造专业帮助、困境鼓励和情感疏导等方面的支持,打造对所在单位的文化归属感和团队归属感。从业人员在单位中的社会地位和职业关系能够在互动中逐步建立,组织认同才得以建立。二是作为一个职业的群体之间的身份认同,是在一个不断围绕工作任务和工作内容展开的交流与合作中形成的。通过共同的职业关系和内容构建起了一个相对稳定的从业者圈子,他们之间相互修正和强化这个职业的一些基本认知和信念。例如,作为一名养老护理员,职业内容是什么、工作任务是什么、职业纪律是什么、基本操守是什么等等。这种不断的修正和强化,形成了一个职业群体的相互认同,是这一群体区别于其他职业的重要标志,并在这一认知基础上,逐步形成具有凝聚力、深入合作和互补、相互理解与支持的职业共同体。三是价值认同主要通过从业人员与其工作对象之间的互动完成,养老护理员的主要职责在于通过自身的服务,使得老年人的生活照料、身体与心理健康等需求得到满足,提高服务对象的生活质量。服务对象境况的改善最能体现出养老护理员的职业价值,当他们的劳动得到了服务对象的肯定,赢得了在此基础上的社会对其劳动付出的认可和尊重,职业价值得以充分实现,职业的认同感和幸福感自然有所增强。因此,要不断以各种方式强化社会对于养老服务的价值确认。

(2)加强职业宣传和行业吸引力

在2019年4月国务院办公厅发布的《关于推进养老服务发展的意见》中,国家首次提出了建立养老服务褒扬机制,包括养老服务工作先进集体和个人的表彰项目、养老护理员技能大赛、养老护理员关爱活动等形式,旨在全社会范围内,为养老服务行业从业人员构建良好的社会认同和职业形象,塑造职业的价值感和神圣感,逐步消除人们对养老护理员的固有观念,正视其职业价值,肯定其职业地位,提升其职业形象。

此外,要加强养老服务业的行业吸引力,除提升其职业地位外,还需要从其他方面予以构建。例如,职业身份的优待。塑造从业人员因职业身份

[①] 王文彬,余富强.社会构建理论视角下的社会工作者身份认同研究:以深圳市社会工作者为例[J].社会工作,2014(6):57-66.

而享有的特殊待遇，能够有效提高职业的好感度和美誉度，逐步提升从业人员的自我价值感。在丹麦等国，为了改善养老护理员的工作环境和提高他们的社会地位，政府强制推行一年两次的养老护工工作环境测评，以此促进养老机构逐步完善护工的工作环境，这种做法也值得我们借鉴。再如，养老服务领域创业氛围的营造。人生晚秋的事业对于产业而言却是初升的太阳，这一产业需要更多的社会资本予以关注，也需要吸纳更多年轻人才的进入。养老产业能否对他们形成吸引，很大程度取决于这一行业是否形成了充满朝气与机遇的、良性竞争的创业氛围。因此，行业竞争环境、企业文化和整体氛围，也是逐步奠定养老服务行业与职业吸引力的重要指标。

（三）利用现有人才为养老服务事业所用

在养老服务从业人才总体不足，尤其是养老护理员缺口巨大的情况下，尽管政策的鼓励和扶持力度很大，但由于政策的延后效应，短时间内扭转现状并不现实。针对这种情况，发掘相关领域人才优势为我所用，是解决当下困难的重要手段。

广州市是全国改革开放的前沿和窗口，作为华南地区劳动力密集型特大城市，新业态的发展在这里呈现得最为淋漓尽致。为填补养老服务人才的缺口，可以尝试更为灵活的用工形式，突破现有劳动力市场的人才交易方式，创新尝试人才跨界流动。2018年上海市出台政策，探索尝试外来入沪人员可以不签订劳动合同，以灵活的就业方式补充养老服务行业缺口的模式。这是全国首次出台突破劳动关系传统模式限制的政策，为行业急需的人才补充提供了新的思路。

从广州的实际情况看，在养老服务领域一直长期活跃着一支为老服务队伍，它们是老年服务组织、老年社团组织、社会工作者队伍、志愿者队伍、医疗机构和教学机构等。这些组织既具有规范的组织形式，也有承担社会责任的使命和任务，其成员既具有专业知识，也对为老服务工作充满热情，应该充分利用这部分人力资源，为老年人提供专业化服务。2018年5月，上海市民政局推出"养老顾问"制度，即依托为老服务现有人力资源和工作资源，根据老年人的服务需求，将"居家养老服务"、"年轻老人"、结对关爱高龄老人的"老伙伴计划"、"助餐服务"及"长护险"等与绝大部分老人相匹配，帮助他们找到合适的服务。广州市可以借鉴这种方式，发挥现有各行各业中为老服务的人才优势和专业优势，在老年人身体保健、疾病预防与护理、家政服务、增能助力、权益保障、老年教育等方面给予支持。这无疑也有利于未来的养老服务与家政服务业、志愿服务、医疗护理以及公益慈善业的有机结合，在更大范围内实现社会资源的整合和利用，提高其效益。

总之，广州市养老服务体系的构建，需要人才的支撑。从养老服务的专业化和职业化角度，逐步培育一支兼具职业道德与业务水平的专业队伍，才能为广州市老龄事业的长足发展提供基本保障。

第四章 广州市养老服务的财政模式

人口老龄化是当前全球人口结构的总体趋势和主要特征。"银色浪潮"不同程度地侵蚀和冲击着各国公共财政能力,而且这一影响将随着老龄化程度的不断加深而持续显现。人口的老龄化涉及医疗、教育、就业、贸易与投资、退休制度、国民储蓄以及税收制度等公共政策领域,任何组织和个人都无法取代国家和政府在这些宏观公共政策领域中的地位和作用。面对老龄化社会,各国不得不为应对越来越多的老年人口开支,以及负担和分担这些开支而做出充分讨论和持续性准备。我国社会的养老事业,是在经济基础不牢固、区域发展不平衡、基本养老服务体系建设不完善等前提下开展的。在老龄社会已经到来的今天,养老服务事业已经上升到了全局层面,我国一直寻求一条政府角色与市场机制相协调的路径,致力于保持经济社会的稳定发展、扩大公平、改善环境和金融安全,寻求一条在"未富先老""未备先老"背景下满足老年人养老服务需求的现实道路。

对于养老服务的提供主体,除了传统的私人供给之外,随着经济社会的发展变迁,社会化养老已经成为最为重要的养老模式。本书探讨的养老服务的公共财政支持,主要是基于这样的背景。财税政策是宏观调控的重要手段,对国家经济发展起着举足轻重的作用。在加快发展养老服务事业进程中,财政支持不可或缺。

一、公共财政投入养老服务的理论根据

西方近年来的福利制度改革,引发了"良性社会的构成要素是什么"以

及"在这种社会形成中,福利将承担什么样角色"①的思考与争论。这些思考与争论,提供了关于福利角色及其目标的不同构想。但是,无论是将福利看作是利他主义的表现,集中于减少社会不平等的观点,还是聚焦于福利依赖性,引导人们向着既有利于公共利益又有利于他们自身福祉的方向行动,以至于将政府定位为守夜人角色的自由主义思潮,都没有排除政府在公共服务提供方面的职能和责任。不仅如此,它们还在政府如何更有效地实现福利目标,以及在多大程度上需要资源的部分优先再分配等问题上走得更远。②

尽管进入 20 世纪 70 年代,随着福利多元主义③和公共治理理论④的兴起,在福利提供和社会治理中,越来越强调多元主体的参与和共担,强调政府与其他社会主体通过协商与合作等方式实现共赢,但是政府对于公共服务的责任始终无法完全转移,它在公共服务供给领域的责任始终是被强调的,而且是多元共治结构中的首要责任主体,发挥着核心和主导作用。美国经济学家保罗·萨缪尔森认为,公共物品中的"纯公共物品"是那些完全具备非排他性和非竞争性特点的产品,因其投入大、非营利性的特点,决定了

---

① 迪肯. 福利视角:思潮、意识形态及政策争论[M]. 周薇,等译. 上海:上海人民出版社,2011:2.

② 根据对西方主要国家有关福利制度与改革的比较与梳理,福利视角可以归纳为"福利是利他主义的表现、福利是追求个人利益的一个渠道、福利是权利的行使、福利是走向就业的过渡、福利是道德再生的一种机制"等不同表述,这些视角对于政策的形成与演变产生了重要影响。参见迪肯. 福利视角:思潮、意识形态及政策争论[M]. 周薇,等译. 上海:上海人民出版社,2011.

③ 福利多元主义主要是指福利的责任由不同的部门分担,减少政府干预,强化市场、家庭和社会团体的作用。福利多元主义的宗旨是福利责任的分散化和参与主体的多元化,其最终目标是希望借由政府、非正式部门、志愿组织和市场组织的合作关系来分散和缓解财政与经济危机。该理论强调的是一种福利供给的多元体系,即"通过福利多元结构的安排,将由国家全面提供福利的模式转变为由社会多部门综合提供福利的模式,在多部门的参与下,实现由福利国家向福利社会的转型"。参见陈雅丽. 城市社区服务供给体系及问题解析:以福利多元主义理论为视角[J]. 理论导刊,2010(2):13;张岩松,等. 社会养老服务体系建设研究[M]. 大连:东北财经大学出版社,2016:31.

④ 公共治理理论主要是指政府、社会组织、私人部门、国际组织等治理主体,通过协商、谈判、洽谈等互动、民主的方式共同治理公共事务的管理模式。与传统的公共行政相比,公共治理不再是自上而下地依靠政府的政治权威,通过发号施令、制定和实施政策对公共事务进行单一化管理。它强调的是主体多元化、方式民主化、管理协作化的上下互动的新型治理模式。参见张岩松,等. 社会养老服务体系建设研究[M]. 大连:东北财经大学出版社,2016:33.

它只能由政府生产和提供。而公共物品中的"准公共物品"则指那些介于政府与市场之间的产品，既以商业交易为中心，又必须兼顾经济和社会效益，涉及公共交通、教育与医疗等领域。我国养老服务的提供，从最初的纯私人家庭负担逐步社会化的过程，基本上遵循了养老服务从私人物品向公共物品变迁的路径。按照公共物品理论，养老服务涵盖纯公共养老服务和准公共养老服务两个方面。其中，纯公共养老服务是私人无法或不愿意提供而只能保留在政府的职能范围内，准公共养老服务则可以由政府、社会和市场共同提供。当然，私人养老服务不属于公共物品的提供，主要由政府之外的主体来提供。

以上观点大体上奠定了养老服务中政府职责的理论基础。无论在哪一理论视角下，政府在养老服务供给上都具有不可或缺的核心地位。政府这一核心地位和主导职责的集中表现就是在养老服务领域中提供充分的财政支持，并通过财务激励手段培育与促进其他治理主体对于养老服务事业的积极参与。虽然政府不是养老服务供给资金的唯一来源，但是持续、稳定和充足的财政投入，是政府履行福利主体责任的重要表现，也是养老服务事业能够获得发展的重要保障。政府通过财政手段，投入资金，用于基础设施建设、养老机构补贴、服务项目购买、服务对象补贴等，对养老服务事业的各项发展给予充分的资金保障，并奠定坚实的物质基础。

二、公共财政投入养老服务的方式及困境

养老服务的对象群体是退休群体或无收入的老年群体，"通常只有中央政府统一承担养老基本保障，才有可能在全国范围内实现保险的大数法则，构建化解养老风险的长效机制"[①]。无论是养老者享受养老待遇、老年医疗待遇，还是老年人在机构和社区享受日常服务，前提都要有足够的资金支持。目前，无论是全国还是广州市，养老服务资金来源中的财政性资金渠道，主要包括公共财政支持和福利彩票公益金投入，而两者中最根本的是公共财政支持。公共财政投入养老服务主要采用的财税政策工具，包括财政投资、财政补贴、政府采购和税收扶持四项。这些调整手段基本可以对应养老服务对公共财政投入的客观需求，但也存在诸多矛盾和困难。

---

① 庞凤喜.论税收与养老服务支持的关系[J].税务研究，2018（1）：33.

(一)公共财政投入养老服务的政策工具

1. 财政投资

目前,政府投资主要受益领域是养老服务设施建设。广州市财政投资主要分布在 3 类设施建设上。一是养老机构建设。包括福利院、老人院等公办养老机构建设,也包括对民办养老机构的投资。2017 年 4 月出台的《广州市民办养老机构资助办法》第 2 条中明确,在本市依法取得养老机构设立许可证,由企事业单位、社会团体、个人或其他社会力量利用非财政资金举办,为老年人群体提供集中居住、照料服务和医疗康复的养老机构,以及采取政府与社会资本合作(PPP)模式建设的养老机构、政府投资兴建并委托社会力量经营管理的养老机构,可享受政府财政资助。资助经费列入市区本级年度财政预算。目前,广州市没有正式出台《广州市福利彩票公益金使用管理办法》,但在其"征求意见稿"中提出,福利彩票公益金资助范围包括社会福利机构设施的维护和更新。二是城市养老服务设施建设。老年人活动中心、日间照料中心、托老所等老年活动场所和其他服务设施的设备购置、装修费用和其他开办经费等需要地方财政投入。此外,社区老年设施的建设与改造、部分承担社区和居家养老功能的社区医院、具备医养结合功能的新型养老设施等的开办、建设经费等也主要依赖财政资金的投入。三是农村社区养老服务建设。农村综合性老年福利服务中心(农村老年人活动站点)以及农村老年人日间照料服务站等农村养老服务设施的建设,主要由政府财政专项资金资助。

财政投资政策,赋予养老机构快速扩张的能力,使得短时期内养老服务的供给水平大幅提升,满足城乡老年人养老服务的基本需求。财政投资政策是实现政府养老服务供给主体责任的主要表现和重要手段。

2. 财政补贴

为了满足不同需求,财政补贴以直接和间接两种方式资助养老特定人群和特定事项。直接补贴主要针对特定人群,直接给予货币和实物补贴。广州市对高龄户籍老年人直接予以货币补贴,发放长者长寿保健金。根据《广州市老年人优待办法》规定,具有广州市户籍的、年满 70 周岁以上的长者,可以根据规定按照不同年龄段领取 30~300 元不等的长者长寿保健金,年龄越大金额相对越高。同时,每年在敬老节期间向广州市户籍百岁以上长者发放每人 1 000 元的慰问金。上述长者保健金和慰问金等直接货币资助由政府财政负担。

特定的货币和实物补贴,是一种财政资金直接供给符合条件的需求对象，缓解其生活困难，补充购买服务所需费用，提高其养老质量的财政补贴手段。除直接补贴外，间接补贴主要用于与养老服务有关的人员和事项的补贴。具体表现在：对各类养老机构的建设和运营的补贴、对养老配餐等服务予以专项补贴、针对行业和职业进行的就业和岗位补贴、从业人员的培训补贴、对社会力量举办养老机构和从事养老服务业的贷款贴息补贴及与养老服务相关的延伸服务补贴等。

例如，按照《广州市民办社会福利机构资助办法》，财政对民办福利机构的养老床位给予每张床位1万～1.5万元的建设资助，按每人每月100～300元的标准给予运营资助。2017年实施的《广州市民办养老机构资助办法》中，大幅度提高了民办养老机构现有护理补贴标准（从每人每月100～300元提高到100～500元），新增床位补贴由分5年支付改为一次性支付（每张床位一次性补贴1万或1.5万元），并增设了医养结合补贴、等级评定补贴、机构延伸服务补贴3类新补贴。再如，获2017年第十二届中国全面小康论坛"2017年度中国十大民生决策奖"的广州市社区长者"大配餐"服务，获得了广州市财政持续投入，2018年安排财政资金1 650万元用于就餐补贴、运营补贴、送餐补贴等"大配餐"运营保障资金；安排3 000万元用于推进护理服务延伸至社区家庭，引导社会力量依托或邻近居家养老综合服务平台、长者饭堂等设置护理站。又如，2020年2月，《广州市养老机构服务人员就业补贴与岗位补贴试行办法》中提出，对于中等职业技术学校（技工学校）全日制毕业生、高等院校全日制毕业生及技工院校全日制高级工班和预备技师班毕业生，在所供职养老机构工作满3年的，给予5 000元或10 000元的一次性就业补贴。对于从事一线养老护理工作满5年、满10年的养老护理员，分别给予一次性5 000元、20 000元的艰苦岗位补贴。以上两项补贴按规定申请市本级福利彩票公益金立项。

这些间接补贴不直接针对服务需求对象，而是主要用于养老事业各领域的扶持和建设，其覆盖面更广、影响更深远，是政府的养老服务体系构建主体责任的重要表达。

3. 政府购买服务

根据《政府购买服务管理办法》和民政部、财政部《关于政府购买社会工作服务的指导意见》等相关规定，政府购买公共服务，以公开招标等形式，确定服务承接主体，与服务主体签订政府购买服务合同，以提高其公共服务供给能力和质量。政府购买公共服务的计划审核、经费安排和监督管理职责属于各级财政部门。财政部门负担养老服务的购买经费。

广州市政府购买公共服务的力度和范围一直走在全国前列。根据《广州市社区居家养老服务管理办法》，广州市以身体状况、年龄和收入等因素设置梯度化补贴标准，开展老年人照顾需求等级评估，将政府购买社区居家养老服务资助标准提高到每人每月400~600元，将符合条件的计划生育特扶对象、月养老金低于本市最低工资的老年人、失能等困难老年人纳入资助对象范围。具体资助对象及标准参见表4-1。

表4-1 广州市社区居家养老服务政府资助对象及标准[①]

类别	资助对象	资助标准
第一类资助对象	无劳动能力、无生活来源且无法定赡养、抚养、扶养义务人，或其法定赡养、抚养、扶养义务人无赡养、抚养、扶养能力的老年人，即城镇"三无人员"和农村五保供养对象	每月400元，经评估属于重度失能的，每月增加护理资助200元
	最低生活保障家庭、低收入困难家庭、享受抚恤补助的优抚对象3类人员中失能的	
	最低生活保障家庭、低收入困难家庭、享受抚恤补助的优抚对象、80周岁及以上的老年人4类人员中独居或者仅与持证重度残疾子女共同居住的	
	曾获市级以上劳动模范荣誉称号中失能的	
	100周岁及以上的	
	计划生育特别扶助人员	
第二类资助对象	80周岁及以上，本人养老金低于本市最低工资标准，且自愿负担一半费用的失能老年人	每月最高资助200元
	纯老家庭（含孤寡、独居）人员，其本人养老金低于本市最低工资标准，且自愿负担一半费用的失能老年人	

政府购买养老服务，是政府转变职能的重要手段。通过引入竞争机制，既提高了财政资金的使用效率，也提升了养老服务的供给水平，满足市场化养老服务需求，有助于养老事业的发展和养老服务体系的构建。

---

① 此表根据2016年12月广州市人民政府办公厅颁布的《广州市社区居家养老服务管理办法》相关规定整理而成。

4. 税收扶持和费用减免

"现代税收作为政府手中直接掌握的经济杠杆，以其特有的非直接偿还性、强制性、规范性特征，在现代市场经济条件下是一国最为基本且最为重要的收入工具。"[①] 政府对一些行业进行特殊扶持时，所采用的重要手段之一即为税收优惠。我国对养老服务业进行税收优惠扶持一直是税制设计和改革中的应有之义。其中，对养老机构的税收优惠制度是基于养老机构的公办和民办性质进行大类区分，实现不同程度的覆盖，优惠税项涉及增值税、所得税、土地使用税、车船税、耕地占用税等。根据2015年广州市人民政府《关于加快养老服务业综合改革的实施意见》规定，广州市对养老机构的税收扶持和费用减免，主要表现在3个方面。一是对养老机构提供的养老护理服务免征营业税。对于依法享受上述税收优惠的养老服务机构，城市维护建设税、教育费附加和地方教育附加随主税减免而同时减免。对非营利性养老机构自用房产、土地免征房产税、城镇土地使用税，对符合条件的非营利性养老机构按规定免征企业所得税。对养老机构在资产重组过程中涉及的不动产、土地使用权转让，不征收增值税和营业税。对养老机构企业年金、职业年金个人所得税落实递延纳税政策。对企事业单位、社会团体和个人向非营利性养老机构的捐赠，符合税法规定的，准予在计算其应纳税所得额时按税法规定比例扣除。二是行政事业性收费的减免。对于非营利性养老机构建设全额免征有关行政事业性收费，对营利性养老机构建设减半征收有关行政事业性收费。对非营利性养老机构建设全额免征城市基础设施配套费，对营利性养老机构建设减半收取城市基础设施配套费，其他政府性基金项目按规定相应减免。三是价格优惠。养老机构用电、用水、用气、用热按居民生活类价格执行。免收民办非企业单位登记的养老服务机构固定电话、有线（数字）电视、宽带互联网一次性接入费用，减半收取有线（数字）电视的基本收视维护费和固定电话的月租费。

以上，笔者基本对现有财政体系对养老事业的投入和扶持做了大致上的梳理。公共财政总体上能够对应养老服务体系构建的多重面向，在养老机构建设与运营、服务覆盖与提升、行业扶持和人员培育等方面进行了大量的投入，基本构建起养老服务财政扶持的总体框架。政府在养老服务体系构建上的主体责任也得到了充分展现。但是，养老服务领域的财政政策与措施依然存在一定的缺陷，主要表现在诸如财政支持的系统性和常态化、财政支持的主体身份识别、税收优惠的激励、财政补贴和政府购买服务的政策效力发

[①] 庞凤喜. 论税收与养老服务支持的关系[J]. 税务研究，2018（1）：33.

挥、新型创新养老模式探索支持等问题上。

（二）养老服务业的财政支持困境

老龄化程度的不断加深正在对广州市的公共财政形成冲击。这主要表现为与养老有关的公共支出所占比重持续上升，公共支出的总体压力不断增大。与此同时，人口红利优势的逐步消退也带来了经济发展放缓、国民收入减少的情况。"国民收入是税收收入的基本来源，国民收入的减少造成了税基的缩减，在宏观税负水平不变的情况下，税基缩减意味着财政收入总额下降。"[①] 财政收入减少，财政支持压力增大，财政收支之间的矛盾会导致财政收支失衡，赤字加大。财政收入的下降与养老服务对财政投入的持续需求之间形成了张力，养老服务业的财政支持面临重重困境。若不能在财政制度改革中寻得二者的平衡，则可能带来债务过高、经济发展扭曲等严重的社会后果。解决财政收支之间的矛盾是广州市未来财税制度改革的重中之重。目前，公共财政对养老服务的支持，主要存在以下4方面问题。

1. 财政支持缺乏统一性

财政支持养老服务事业，虽然需要根据对象和事项做出适当的调整，但如果没有形成一体化和系统化的支持体制和机制，就使得财政政策过于零散，尤其是主体与事项的不统一、表述和规定不精确等现象，进一步导致了支持不可预期、投入不能持续、解读不甚明确、标准无法统一等问题。

例如，对于养老机构的资助标准，多以其公办、民营性质作为基本依据，但随着民办养老机构改革已经提到广州市未来工作的日程中来，政府鼓励民办养老机构进行创新改革，在体制和机制上迈出更大的步伐。公建民营、民办公助、PPP等创新式养老机构将不断出现，其多重性质的混合将成为常态。以养老机构性质作为财政资助标准，将会越来越多地遭遇身份识别上的障碍，影响了制度的公平性。

再如，在不同的政策文件表述中，对于财政支持的主体对象，没有形成统一的政策术语表达，"养老服务机构"与养老院、福利院等概念混用使得财政政策的适用主体出现模糊，造成了权责界定上的障碍。此外，对于"养老服务"等基础性和关键性范畴也没有形成统一的认识，养老机构普遍认为康复护理和精神慰藉也属于养老服务之一，应该享受增值税优惠政策，而财政部门则认为应视具体情况而定，客观上造成了政策理解上的分歧和适用上的混乱。

[①] 王琼，王敏，黄显官. 我国养老服务综合配套改革实践与创新 [M]. 成都：西南交通大学出版社，2017：166.

此外，对于福利彩票公益金的使用，现有的政策依据主要有二。一是 2016 年 3 月由广州市民政局、财政局和残疾人联合会印发的《广州市福利彩票公益金使用管理办法》，办法中对福利彩票公益金的使用范围做了原则性规定："资助老年人、残疾人、孤儿、困境儿童、优抚对象、社会救助对象等群体服务的社会救助和社会福利事业；资助社会福利、救助和公益慈善机构公共设施的维护和更新，及其公益服务类项目；资助灾区和对口扶持的老少边穷地区社会福利事业；资助社会公众关注、倡导社会主义精神文明、能体现扶弱济困宗旨的其他社会公益事业。"二是 2018 年广州市人民政府印发的《广州市促进健康及养老产业发展行动计划（2017－2020 年）》，计划中明确，市、区两级 50% 以上的福利彩票公益金要用于社会养老服务体系建设，并且要根据老龄化发展水平逐步提高比例。其中，支持民办养老服务发展的资金不得低于 30%。这些规定仅对福利彩票公益金的使用事项和比例进行了原则性的界定，却并没有将具体资助事项列明，也就是没有明确养老服务中哪些事项可以获得资助，而是采取了有关单位进行申报、由评审部门进行审批的方式来使用福利彩票公益金。这种做法固然能够灵活应对福利事业涵盖的诸多领域，以及解决临时性与突发性事项的资助需求，但是，因范围的宽泛和标准的缺乏，实际上的一事一申请、一事一议和一事一策，存在着资助公平性和效率性的争议。

2. 财政供给与需求的不对应

尽管广州市近年来不断增加对养老事业的投入，但财政供给投入总量依然不足，无法满足日益增长的养老服务需求。在可查询的公开数据中，我们无法得知养老事业在财政支出中的具体占比。但是，借助基本养老保险基金支出占广州市地方财政总支出的比重，可以从一定程度上反映出财政在养老服务中投入和支持的大致趋势。

根据公开渠道可获得的数据，笔者整理了广州市 2014—2017 年四年中基本养老保险支出的数据，对比同期地方财政支出情况，力图寻求老年服务公共财政支出占财政总支出的比重，具体参见表 4-2。图表显示，近年来，广州市基本养老保险支出占财政总支出的比重保持在 14%～16% 的水平。该四年的数据显示，基本养老保险基金的支出总额一直呈现上升趋势，这是老龄化程度不断加深的反映。但是，基本养老保险基金支出占财政总支出的比重并没有随着老龄化程度的加深而进一步提高。这在一定程度上反映了公共财政并没有随老龄化程度的加深而按比例增加投入，持续的需求没有得到持续的满足，是供给总量与需求总量不对应的表现之一。此外，根据广州市 2018 年统计年鉴发布的数字，截至 2017 年底，广州市常住人口数为 8 978 717 人,其中农业人口(乡村人口)为 1 823 858 人,非农业人口(城镇人口)为 7 154 859 人,农业人口占总人口比重大约 20% 左右,[①] 农业人口占总人口的比重依然较高。但该四年中城乡居民基本养老保险支出仅占基本养老保险支出总额的 7% 左右,如果除去城乡居民养老保险中包括的城镇非从业居民群体,直接面向农村居民的养老保险支出的数字会进一步降低。财政投入养老保险支出的大头在城镇职工,对于农村居民养老保险投入的低水平是可见的事实,因此,未来农村基本养老保险需要政策更多地倾斜,财政更多地投入。

表 4-2 2014—2017 年度广州市地方财政支出与基本养老保险支出统计表[②]

年份		2014 年	2015 年	2016 年	2017 年
广州市地方财政支出/亿元		2 525.38	2 641.02	2 845.66	3 484.70
基本养老保险基金支出/亿元	企业职工(城镇职工)基本养老保险支出	336.16	356.75	412.42	449.72
	城乡居民基本养老保险基金支出	27.38(不含当年度农转居人员养老保险支出 13.60)	31.39	32.71	33.65
占比	基本养老保险基金支出占比	14.9%	14.7%	15.6%	13.9%

广州市财政供给与需求的不对应,还表现在对主要养老模式的关注和投入不足。尽管我国早在 2011 年施行的《社会养老服务体系建设规划(2011—2015 年)》中就确立了"以居家为基础,社区为依托,机构为

---

① 该数据通过广州市统计局公布的广州 2018 年度统计年鉴中农业人口与非农业人口的数量计算得到。这一数字与统计年鉴给出的常住人口城镇人口比重(2010—2017 年)保持在 85% 上下存在一定差距。这主要是由于常住人口城镇人口比重以常住人口数量为基数,而笔者对非农业人口所占比重的计算则采用户籍人口总数为基数,因此计算所得非农业人口(城镇人口)数量比例为 80% 上下,亦即农业人口占总人口 20% 上下。

② 此表根据广州市统计局公布的广州 2018 年度统计年鉴和广州市人民政府网上发布的 2014—2017 年度社会保险信息披露通告中相关的数据汇总整理。

支撑"的养老服务体系格局，此后，居家养老、社区养老和机构养老就被看作是我国现阶段社会养老服务体系的3个有机组成部分。但是，笔者仍然从社会化养老的视角将其明确为机构养老、社区居家养老及家庭养老的社会支持，以对应前文对广州市养老模式的分类。理论上讲，财政对于这3种基础养老模式的支持应该是较为均等的，但事实是，对于最基础的家庭养老模式，政府财政的关注和支持最为薄弱，"除由员工制家政服务员提供的老人护理等家政服务在政策有效期内免征增值税外，提供家庭养老服务的企业在其他税种优惠上并没有得到充分的关注"[1]。现行的优惠政策更多首先倾斜于机构养老，尤其是公办养老机构的建设和运营，占据了财政支出的绝大部分。其次是社区养老，其设施建设与养老服务购买，也占用了部分财政资金。其余的间接补贴虽然能够照顾到家庭养老所需，但在覆盖面和扶持力度上仍显不足。

3. 财政投入的激励性和有效性不足

政府对养老事业给予财政上的支持，就是要发挥财政工具的调解作用，实现对养老事业和行业的有效激励，为社会资本的流入创造优惠条件，吸引民营资本参与养老事业的发展。而政府财政优惠的覆盖范围和力度，直接决定政策效力的高低。如前文所述，以养老机构的性质作为财政优惠支持的主要依据，存在着对民办养老机构支持不足的现象，影响了民办养老机构的积极性，也不利于吸引社会资本投入，政策的公平性受到质疑。此外，将财政优惠集中于养老机构建设和运营的思路也需要随着养老事业的发展和养老需求的提高而有所转变。老年人口的增加，会带来老年消费市场的扩张，对老年人产品的持续需求将会是市场出现的重要变化，而现行财政税收制度对于提供老年产品创意、研发、生产的企业，无论是吸引社会资本进入还是对现行企业税负优惠方面，几乎还是空白。因此，提供老年用品的企业未来应进入财政优惠制度考虑的范围。

财政投入的有效性不足，主要体现在对一些养老机构的投入上，过多依赖直接的资金资助和税收减免方式，使得很多养老机构"等、靠、要"思想严重，财政资金没有起到促使养老机构提高服务和拓展绩效的作用，反而不断催生和提高机构的福利期待，使政府背负沉重负担。而对人员的补贴也存在有效性不明的情况。例如，涉老补贴，由于缺乏对老年人资产的审查，使得一些获得拆迁补偿、生活条件比较好的老年人也在接受政府补贴，动态监

---

[1] 郭佩霞，胡彬. 支持养老服务业发展的税收政策探析[J]. 税务研究，2018（1）：39.

管的缺乏使得一些已经不具备领取补贴条件的人员长期占有政府资源，而真正符合补贴条件的老年人，却可能因不了解政策、失能或失智等原因未能提交申请，没能获得资助。此外，对养老护理从业人员的就业补贴和岗位补贴，虽然在一定程度上改善了养老护理员的职业待遇，但是这一补贴对高职、中职院校和高校毕业大学生的吸引力并没有想象中那么强烈，很多学生完全可以通过其他行业的正常收入弥补未获补贴的损失。也就是说，养老护理员的职业地位和职业待遇问题，不是通过就业和岗位补贴能够根本扭转和解决的。有限的就业补贴和岗位补贴既不能持续提高其工资福利，也不能提升其职业认同。因此，补贴制度无疑无法实现促进养老服务领域就业、减少养老护理员队伍流出等政策目标。

4. 财政购买服务的质量亟待提高

借由政府职能的转变和转移，政府越来越多地探索通过契约方式将一些公共服务交由企业或非营利组织来完成。这种将政府不擅长提供的公共服务职能外包给非政府组织，借助外部资源优势为政府履行职能所用的方式，降低了公共服务成本，提高了服务效率，是政府转变职能、社会治理深化改革的重要举措。同时，政府服务职能的外包也能够积极推进养老服务市场的培育、激发养老服务业供给侧的活力。财政资金在养老服务领域的使用，越来越多地体现为对养老服务的政府购买。

广东省民政厅2016年发布的《关于进一步做好政府购买养老服务工作的通知》中明确，养老服务购买内容"以老年人基本养老服务需求为导向，优先保障经济困难的孤寡、失能、高龄等老年人的服务需求，重点安排与老年人生活照料、康复护理等密切相关的项目"。这一基本内容的要求，使得目前政府对养老服务项目的购买，更多体现兜底性、保障性特征。但是，因此也决定了购买服务的标准仍处于较低水平，受财政预算限制致使政府对承接主体的选择更多倾向于价格优势，而非其提供服务的专业化水平及服务质量。报价较低的承接主体，为了保持其项目的正常开展和终期结余，必然压低服务项目的支出成本，尤其是占支出成本最大份额的人力资本的降低，导致很难聘请到专业化素质较高的从业人员，服务意识淡薄、服务能力较低的非专业人员服务于政府购买项目，使得总体上服务效果差强人意。同时，政府购买养老服务的范围，虽然从覆盖面上已经完全涵盖居家、社区和机构3个维度，但是从服务层次上看，仍然还停留在日常生活层面的照料上。例如，居家养老服务项目以为老年人购买助餐、助浴、助洁、助急、助医、护理方面为主，社区养老服务项目以为老年人提供社区日间照料、老年康复文体活动服务为主，机构养老服务项目以为"三无"老人、低收入老人、经济困难的失能半失能老人购买机构供养、护理服务为主。政府所购的服务项目，仍然停留在基本水平的照料服务上，而老年人群体急需的专业医疗护理、精神慰藉、心理康复等服务，仍付之阙如。就服务提供上，服务方式程序化、形式化、固定化倾向极为明显。预先设定的服务内容、服务时间、服务方式和服务强度等，均不能随服务对象需求的改变而及时做出调整和应对，尤其是面对服务对象综合化的服务需求时明显应对乏力。因此，政府购买的基本养老服务，无论从服务水平上、服务种类上，还是从服务方式上，都无法满足越来越多元化的服务需求，造成了长期以来养老服务供求结构失衡和错位的现象，也影响了老年人对政府购买养老服务的总体评价。

三、财政支持模式的调整与完善

老龄化程度不断加深，是广州市未来经济社会发展的总体背景。养老服务刚性需求的持续增长在客观上要求财政支出的刚性增长。然而，在世界经济复苏乏力，我国经济发展增速放缓的大前提下，广州市经济未来发展也面临诸多不确定性因素，财政风险加大，财政收入的高增长时代已经结束。另外，受现行中央及广东省财政体制对广州市的影响，来源于广州地区组织的一般公共预算收入，只有 1/4 留归广州市，大大制约了财政收入的增长。2017 年《广州市财政改革与发展第十三个五年规划（2016—2020 年）》中，在阐释"十三五"期间财政面临的挑战时，明确提出了"在全面建成小康社会的收官阶段，在全球经济普遍放缓的背景下，按照稳增长、调结构、促改革、惠民生、防风险的总体要求……重点保障教育文化、医疗卫生、社会保障和就业等重点民生支出"，进一步扩大了公共财政支出的需求总量，财政支出面临刚性增长。面对这样的总体形势，未来财政如何面对不断增长的养老服务需求，是财政制度改革所必须面对的重要课题。

（一）促进财政收入增长

积极应对人口老龄化的坚实基础依然来源于充足的财政收入，而财政收入的物质基础无疑还是国民收入。广州市地处经济较为发达的珠三角地区，国民生产总值不仅在广东省，而且在全国都走在前列。尽管财政收入在近年来面临着增长乏力等困难，但是，机遇依然存在。借助国家重要中心城市、国家创新中心城市、"海上丝绸之路"的重要战略支点，以及刚刚通过的《粤港澳大湾区发展规划纲要》中确定的大湾区中心城市之一等城市定位，广州市在未来的发展仍然具有难得一见的历史机遇。中心城市地位所带来的资源要素聚集和辐射能力、国家级区域发展政策环境支持，以及特殊功能区等国家级重大发展平台的特殊政策等，为广州市财政收入的增长提供了新的动力和增长点，可以培育新的财政财源。因此，要不断加强财政管理能力，提升对宏观经济形势的研判和微观产业扶持政策的研究，乘势而上，乘势而为，广州市仍然可以在新的起点上继续做大国民收入和财政收入的"蛋糕"。只有这样，才能加大民生事业的财政投入，相应增加养老服务、养老保险的财政支持，满足养老事业发展的刚性需求。

（二）发挥多元主体的筹资作用

财政政策对于经济发展无疑具有导向作用，能不能用好这个经济调节的重要工具，显示了财政管理水平的高下。在财政收入增长风险越来越大的情况下，单纯依靠政府的拉动很难实现养老事业的蓬勃发展。而且，在我国现阶段，发展水平决定了公共财政要将有限资源投入到特定的公共服务领域，"必须全面认识老龄服务的内容庞杂性和特征多重性，避免简单地把所有老龄服务都视为公共服务和盲目追求必须由政府全部提供的旧思维，认识到仅针对经济困难老人的兜底保障性老龄服务才是公共服务"[1]。政府的公共财政主要要在兜底保障责任领域发挥作用，提供老年人急需的基本服务保障。因此，养老服务事业的发展，必然需要在政府保基本的前提下，大力开发和吸引社会资本的投入，满足更多老年人的中高端养老需求。"社会福利社会化""社会化养老社会办"，是我国早已确定的养老事业发展目标。这样的总体思路，决定了在发展养老事业的资金筹措上，要发挥多元主体作用，包括通过政策吸引民间资本或者境外资本投入养老服务事业、鼓励和发动社会各界对养老机构等基本养老设施捐款等。

当前我国民营资本参与养老服务的领域主要是机构养老部分，对公办养老机构的供给不足起到补充作用。社会资本进入养老服务行业，不是一般理解上的将养老产业全盘市场化，而是利用市场的资源配置优势和高效率为养老的公益属性服务，起到激活资源、提高效率、补充扩展的重要作用。社会资本进入养老产业，需要有适宜的政策环境，土地、融资、税收、补贴等优惠政策的提供都能够提高养老产业对民间资本的吸引力。事实上，从广东省的总体部署看，广东省政府也已经注意到了社会资本在养老事业上大有可

---

[1] 高传胜. 老龄服务业促进政策及现实问题再审视［J］. 社会科学辑刊，2016（4）：65.

为的前景。早在 2010 年，省政府、民政厅就要求珠三角 9 市出台相应的民办养老机构扶持政策，量化民办社会福利机构的优惠措施，制定民办社会福利机构资助办法，探索建立居家养老服务补贴制度。广东省还根据地缘优势，以珠三角各市作为试点，着力推进粤港澳社会福利合作，充分发挥三地的优势互补，制定相关政策，采取措施，鼓励港澳养老服务提供者来粤兴办养老机构，参与养老事业的发展。这些信号都表明，养老产业的发展离不开社会资本的积极参与，未来的养老事业必然有社会资本发挥作用的巨大空间。

为破解养老资金缺口问题，财政资金积极寻求与社会资本的合作，共建养老事业。其中，养老 PPP 模式是最为重要的尝试，其功能获得了一些学者的肯定，而且也获得了政府的认可。所谓 PPP（Public-Private Partnerships），即公私合作模式，是指以行政机关为代表的政府部门和以个人为代表的私营部门合作，以完成特定行政任务为目的的一种制度总称。养老服务业 PPP 模式，是指政府与社会资本方以特许权协议为基础，在合作建设养老机构、投资医养结合项目或提供养老产品、服务等方面形成一种"利益共享、风险互担、全程合作"的共同体关系，最终实现比任何一方单独行动更为有利的结果。[①] 有学者认为，"PPP 模式是一种新型的政府与社会资本合作模式，它的初衷是弥补政府在公共服务供给中的财力不足，它的本质是社会资本以政府制定的规划（或社会公众的意愿）为方向进行投资。把 PPP 模式引入养老服务业，通过创新融资模式、拓宽社会资本参与空间、提高资金使用效率，能有效促进养老服务资金供给体系完善"[②]。

2015 年，民政部、国家发展改革委员会等 10 部委联合发布了《关于鼓励民间资本参与养老服务业发展的实施意见》，明确把 PPP 模式推广应用到养老服务中。2016 年国务院办公厅印发《关于全面放开养老服务市场提升养老服务质量的若干意见》，2017 年财政部、民政部、社会资源保障部 3 部门联合发布了《关于运用 PPP 模式支持养老服务业发展的实施意见》，把推动政府和社会资本合作、促进养老服务领域发展作为未来一段时期养老服务业发展的主要驱动力量和破解养老金资金缺口的重要举措。

根据学者的统计，截至 2017 年 8 月，全国养老 PPP 项目共计有 314

---

① 徐宏，岳乾月. 养老服务业 PPP 发展模式及路径优化 [J]. 财经科学，2018（5）：121.

② 徐宏，商情. 中国养老服务资金缺口测算及 PPP 破解路径研究 [J]. 宏观经济研究，2019（2）：173.

个,但广州市乃至广东省在项目库中仍没有养老PPP项目。① 而就目前其他省市开展的养老PPP项目看,它们均采用政府与社会资本以特许协议的方式,由政府提供土地、税收、公共费用优惠以及财政补偿等优惠政策,社会资本则负责养老机构的建设、运营,待合作合同期满后,则由社会资本移交给政府。这一方式被看作是一种双赢:"政府减轻财政负担的同时获得预期的社会价值,社会资本降低投资风险的同时获得理想的经济效益。"② 但PPP模式和各地的项目运行也出现了一些问题,需要用理性视角重新审视PPP模式的功能、定位和运行。唯有如此,才能在未来广州市探索养老PPP模式时不致盲目和低效。我们可以从现有做法和学界探索中寻求有效借鉴。

1. 养老PPP模式的谨慎推动与稳步开展

缓解财政上的压力是各国引入PPP模式的动因。但是,随着它在公共供给中的不断推进和应用,也因为出现了一些弊端而受到了质疑,尤其是对财政压力的纾困并没有起到想象中的重要作用。有些学者提出,PPP对当期政府财政压力的舒缓很可能增大未来财政压力的负担;有学者担心,转移财政压力本身,有可能诱使政府产生畸形动因,即不考虑具体项目的效率和物有所值的评价标准是否得到满足,而无节制地使用PPP;有人指出,PPP被纳入公共预算的标准不清晰,损害政府预算的透明度;有学者表示,PPP会促使政府在预算监督上开展博弈性规避行为;还有学者表示,PPP可能造成政府内部财政分配或政府与社会资本之间财富分配的不当转移,进而造成资源配置扭曲和资源错配。③ 凡此种种,PPP作为一种财政工具出现的负面作用,尤其是其导致的财政压力转移而非解决,不合理的抑制和激励,政府与社会、地区与地区间财富和资源配置的不当等问题,已经引发了学界对其作用和定位的重新思考。因此,未来对于PPP模式的应用,更应聚焦其"作为一种效率提升和协同创新的制度安排"④,发挥其产权激励、协同创新等功能,减少或防范其在推进中的负面效应。通过实证研究,形成对于激励机制的具体运作、风

---

① 参见徐宏,岳乾月. 养老服务业PPP发展模式及路径优化[J]. 财经科学,2018(5):119-132.

② 韩喜平,陈茉. 我国养老产业PPP项目运作面临的问题及对策[J]. 经济纵横,2018(4):82.

③ 转自引廖振中,刘嘉,罗佳意. 政府与社会资本合作(PPP)的检视:一个文献综述[J]. 财经科学,2018(3):81-82.

④ 廖振中,刘嘉,罗佳意. 政府与社会资本合作(PPP)的检视:一个文献综述[J]. 财经科学,2018(3):83.

险承担的分配格局、良性竞争的外部根据、投资回报的运行机制等数据和模型的分析,来调整政策定位,不追求项目和投入在数字上的规模,而要通过谨慎论证稳步推进,用科学的制度设计,实现养老PPP"广州模式"的超越。

2.财政支出的策略定位与效率提升

在养老PPP模式中,财政支出主要体现在土地、税收和公共费用的优惠倾斜上。此外财政支出还体现在社会资本的投资回报中,包括政府的可行性缺口补助以及政府付费。这些方面的财政投入是政府除宏观监管和布局外,参与社会资本合作的主要责任。而如何定位财政支出的策略,提高财政支出的效率,是政府制定合作协议和履行相关义务时首先要考虑的问题。财政投资不同于社会资本投资,财政投资更多的是要达成某种政策目的实现社会治理的目标。因此,在与社会资本的合作中,应把握好三重关系。

一是财政投资的公益属性和经济收益的关系。财政投资具备公益性质,是为了实现政府福利政策而实施的兜底性和保障性投入,以提高国民福祉为目标。养老服务的财政投资尤其具有公益属性,通过财政的投入和扶持来提高老年公众的生活质量。因此,不能以商业投资的逻辑考察财政投资与回报,或者说,财政投资的回报不能仅仅通过商业获利来衡量。其能够得到的社会效益,也是政府投资的回报形式之一,而且是高于商业回报的更高回报。这是财政投资与商业投资最大的不同。在明确这一前提之后,如果可以兼顾财政投资的经济收益,那么,就会是一种理想状态的投资。也就是说,财政投资要首先满足和立足于其社会收益,如果同时还能够获得经济效益,则实现了其理论上的最佳状态。但是,如果经济收益不理想而社会效益很高,则不能下结论说财政投资是失败或无效的。更进一步而言,如果因为追求经济效益而损害或降低了财政投资的社会效益,便是政府投资的舍本逐末,才是真正的投资失败。

二是财政的导向作用与商业运营的关系。在与社会资本的合作关系中,财政投资除了作为运营的资本性投入外,其更大的价值和意义在于财政工具角色的扮演。它在合作关系中,始终执行政府对资本运营的吸引和疏导职能。例如,在项目合作起步阶段,政府的财政投入主要承担融资的责任,通过直接投资和财政税收优惠,吸引和提高社会资本对养老服务的参与度,起到减少运营投入、降低建设成本、营造良好投资环境的作用。又如,财政对运营风险的分担是其起到导向作用的又一重要表现,财政能够也可以对因法律政策等制度的变化所导致的风险给予一定的补偿,增加了公益项目对社会资本的吸引力,增强了其投资信念。这对于良好合作关系的构建具有极为重要的意义。在执行吸引和引导社会资本的职能之外，财政投资才作为普通商业资本参与项目运行，按照商业资本的运营享收益、负亏损、担责任。因此，财政资金要提高其投资效率，首先要将其定位为财政工具，发挥杠杆作用、激励作用、引导作用、抑制作用，也就是在撬动多元主体、激励社会资本、引导民间投资、抑制资本逐利本性等方面充分发挥其独特导向作用。财政投资应该摆正其工具价值和投资价值之间的关系。

三是外部干预与市场化运作之间的关系。公私合作，政府扮演的多重角色还包括监督者、管理者、评估者等。养老PPP项目，由于其公益性旨趣决定了其不能完全进行市场化商业运作，政府还要履行监管的职能。我们通常认为，私人产权在生产效率上具有更高的优势，而国有产权则在配置效率上更胜一筹。市场化运作的结果，是经济人按照逐利本性寻求经济利益回报的最大化。但是，政府要在PPP项目的运行中充分体现监管人的角色。从项目的布局和设置、服务定价测算、服务效果评估，到风险防范、信息共享，以至相关规则的论证和制定（公私协作规范、政府监管细则、财政资金与社会资本的"进入—退出"机制等），都离不开政府的有意识的介入，以此形成对养老PPP项目的总体和全程把控，防止项目成为社会资本套取财政资金和圈钱的手段，始终保障项目的公益属性和服务属性。但是，政府的外部干预不能超过适度的范围，如果以行政手段强势干预养老PPP项目的正常运行，则可能造成竞争环境破坏、决策失当、经济效益低下等后果。因此，在公私合作开展养老PPP项目过程中，政府既不能"甩手不管"，也不能"紧抓不放"。厘定政府干预与市场调节的作用边界，做到进退有度，才能把养老PPP模式做成一支优美的"双人舞"。

3. 政策目标与资本偏好之间的协调和弥合

如上所述，财政投入PPP模式是为了实现政府福利政策、提高国民福祉，目的是借助社会资本增加其公共服务供给能力，优先满足老年人的养老基本需求，再寻求服务的多样性、层次化和个性化。因此，其服务目标人群首先是失能、高龄、贫困等弱势老年人，服务项目首先是基本保障型服务。然而，从收益回报来看，这部分老年人是服务需求最高而服务消费能力最低的人群，他们并不符合社会资本锁定目标人群的偏好。实践也证明了这种逻辑，我国目前的养老市场需求最大的是能够获得优质完善的社区居家养老服务的基本保障和低中端养老服务PPP项目，而社会资本的投资方向则主要为一些项目规模大、目标人群消费能力高、投资收益大的医养结合、生态养老院等高端创新型养老项目。可见，政府与社会资本的选择偏好之间存在着一定差距，而政策目标的实现又必须借助社会资本的投入。因此，如何沟通和弥合其间的鸿沟，特别考验政府的管理能力和政策水平。回应这一问题的关键，仍然在于财政政策的精准定位和目标导向。如果能够对养老服务事业投资方向进行大体的分层管理，以"资本需求高""投资回报长""短期效益好"等标准界定不同层级，再运用不同的税收优惠等政策，疏导和分流社会资本投资流向相应的层级，这样就可以有效避免社会资本的"扎堆"现象。例如，对"资本需求高""投资回报长"的领域加大优惠力度，对"短期效益好"的项目减少优惠幅度，通过调整优惠政策的力度、时限、强度等实现对社会资本的分流。此外，科学界定私人投资的合理回报指导线，也被看作是一种影响社会资本选择倾向的方式。有学者提到，界定PPP项目中私人投资的合理回报指导线，应参考"无风险利率、社会平均利润率、同行业上市公司利润率、同期银行贷款利率、投资机会成本、风险补贴率"等因素，保证养老PPP项目的回报率在合理水平范围内。因为"私人投资者合理的投资回报率通常与PPP项目基础设施带来的社会福利存在'此消彼长'的关系。当私人投资者合理的投资回报率过高，私人投资者在运营该PPP项目时通常过度追求项目的收益性，损耗了基础设施的公共物品性"[①]。因此，既要对社会资本的利益追逐予以鼓励和肯定，又要采用科学的方法对社会资本投资回报率予以必要的监测和指导，这样才更能沟通公共政策的福利目标和社会资本的逐利目标。公私合作，需要寻找到一种可以最大限度拉近彼此目标的方式，而在这个议题上，政府作为养老PPP项目的发起者、政策的制定者、过程的参与者和结果的享用者，应该利用财政手段掌握更大的主导权和控制权，以破解公私合作利益分歧和目标向左的迷局。

4. 权利与责任的匹配问题

在养老PPP模式中，政府与社会资本虽各自扮演不同的角色，但也存在角色上的交叉，政府与社会资本在诸多问题上要体现合作、共建、共赢。然而，权利总是伴随着义务和责任，公私合作中，除了权利和职能的分配外，还存在义务和责任的承担问题。在普通的合作关系中，如民事上的股份制和合伙制等，以民事合同作为基础、以"权利与义务相对应"为原则分配主体各方的权利和义务，但是在带有"准行政合同"属性的公私合作PPP项目合同中，权利与义务的分配在一定程度上偏离了"权利与义务对等"的民事关系法则，而被赋予了更多以优化治理为目标的动态调整需要。因此，在

[①] 王江楠.PPP项目私人投资者合理回报及其匹配财政政策研究[J].统计与决策，2018（8）：163.

两者的责任分担上，可以根据合作的进度和程度来动态承担责任。

一是在起步阶段，最大的风险在于融资。该阶段可以由政府在政策上赋予足够力度的税收优惠和财政补贴，提高社会资本的参与意愿。有研究表明，"前期盈利可以使人的风险偏好增强，还可以降低后期的损失，而前期的损失会加剧后期亏损的痛苦程度和风险厌恶程度"，"社会资本参与养老服务业的意愿取决于风险和收益的大小"①。因此，在项目起步阶段的融资风险可以由政府多承担一些，随着项目运营模式和回报机制的不断完善，再逐步将融资风险过渡给市场，以此缓解社会资本投资时的顾虑。

二是项目启动之后，在运营中存在的风险。该阶段一方面投资方要遵循市场法则，自负盈亏，按照政府和社会资本投资比例进行收益分配和风险承担。另一方面，则需要形成风险承担机制的制度化遵循。例如，对于市场外部的政策环境和法律制度变更等风险，可以由政府来承担，运营中的市场风险则由社会资本承担，其他无法归类的风险则需要以制度化形式确立标准以确定责任主体。这样的一种风险与责任的动态分担机制，能够更好适应PPP公私合作模式的特质，也是弥合两种资本旨趣的途径之一。

三是财政政策要发挥其精准调控、相时调控的作用，还需要关注PPP项目运行中的权利与责任的匹配问题。只要是在健全的市场环境中，任何经济体的运行都存在一定风险。上文所做的风险分担探索，致力于在接近政策目标的前提下，最大限度地保留市场主体的经营自主权。然而，不得不警惕的是，政府的财政工具如果运用不当，则可能造成权利义务倒挂、损害各方主体利益、与政策目标背道而驰的后果。所以，掌握好财政优惠政策的尺度、力度、限度，深刻理解公私合作的本质，是政府作为PPP模式"剧作者"和"剧中人"的应尽职责。

总之，养老PPP模式无论在理论上还是在实践上，都有很大的空间要论证和完善。广州市应以审慎的态度，在充分论证的基础上，掌握好财政政策的工具作用，利用养老PPP模式为广州市养老服务体系建设增添新的选择。

（三）调整财政支持思路

为有效提高财政供给的使用效率和社会收益，广州市应对财政支持养老服务的思路进行创新，开发新的政策工具，提升现有工具的使用效率，尤其

---

① 韩喜平，陈茉.我国养老产业PPP项目运作面临的问题及对策[J].经济纵横，2018（4）：84.

是在支持方式、支持重点和支持标准等方面做出调整。

1. 支持方式的调整

鉴于财政收入的持续紧张，财政投资与补贴等直接资金资助方式将不断增加财政的压力，在同等政策效果下，未来应尽量减少硬投入，减少微观投入，在提升软效果和宏观支持方面做更多的文章，以促进直接资助逐步向间接调控转变，逐步使财政投入发挥更多体制和机制的作用。此外，在减少直接投资的同时，将更多的资金用于增加政府购买养老服务项目，扩大购买养老服务覆盖人群，提升购买养老服务项目质量等，将会起到更好的政策效果。在税收优惠方面，则需要进一步分层细化税收政策，基于不同政策目的和针对不同主体实施精准施策，以此发挥财政手段的杠杆作用、激励作用、引导作用、抑制作用等。

2. 支持重点的调整

从总体布局和支持思路上看，未来广州市政府财政投入的重点，需要从对养老机构的建设和运营投入，逐步转变为重点向提高服务供给能力和质量上转变，这也是供给侧结构性改革背景下的客观要求。财政的有效投入，要更多集中于矫正现有要素配置的不合理、推进财政支出结构调整、扩大有效财政供给、增强财政供给结构对需求变化的适应性和灵活性、提高供给体系的质量和效率等方面。

财政支持重心要优先满足基本养老需求，重点投向现有资助的薄弱环节。主要体现为：第一，加大财政支出中基本养老保险投入占比，尤其要不断随着老龄化程度的加深而动态调整这一占比；第二，逐步提高城乡居民养老保险的基本养老金，保障老年人最低生活水平的逐步提高；第三，逐步提高农村基本养老保险金，完善农村养老保障体系，体现政策的广覆盖和公平性。

建立多层次养老保险制度是世界各国的主要选择。多层次的保险制度包括国家基本养老保险制度、企业年金制度和个人储蓄与商业保险。一般来说，国家提供的基本养老保险只是为退休人员提供基本生活保障，进一步提高国民养老待遇则要通过补充保险制度来完成。用以分散养老责任，鼓励企业和个人为养老服务投资的重要动力还是来源于税收优惠。这主要包括对企业和劳动者用于缴纳补充养老金的收入减免征税、对企业补充养老保险基金的运营收益减免征税等。广州市于2019年4月出台了《高龄老年人照护商业保险实施方案（试行）》，为广州市户籍80周岁以上重度失能人员试行照护商业保险，对符合支付标准和范围的基本生活照料费用、医疗护理费用，在扣除其他保障制度已支付待遇后，居家护理按照85%的比例予以支付，机构护理按照70%的比例予以支付，不设起付线。2019年，市本级财政安排"高龄老年人照护商业保险经费"4 239万元，以保障该商业保险资助得到落实。广州市在财政收入紧张的前提下仍然大幅度资助商业养老保险的开拓，表现了政府拓展商业养老保险以创新民生保障之路的强大决心。政府选择高龄、重度失能老人进行资助，也再次显示了财政资金的投向是保底性的民生。未来，广州市财政需要进一步考虑，随着企业、家庭和个人的养老保险金逐步积累，如何在财政制度支持下盘活这部分数额庞大的基金，并使其获得稳定增长，以鼓励企业、家庭和个人持续投入。同时，需要进一步关注农村基本养老保障，改善基本养老保险城乡不均衡的现象，逐步提高农村基本养老金的政府补贴比例，为占比近1/5的农业人口提供更高水平的养老保障。

就现有资助的薄弱环节来看，家庭养老的财政支持需要放开更大的步伐。在三位一体的养老服务体系内，家庭养老因符合老年人的传统心理和现实需要，成为多数老年人养老的优先选择。"9046"的养老模式布局，也将90%的养老责任赋予了在社会支持下的家庭，完备的社会支持系统是家庭养老服务的重要支撑。目前，在家庭养老服务领域，几乎完全是由政府作为唯一主导在进行推进，资金的不足导致了对家庭养老服务支持的不确定性和不持续性，以及养老服务项目单一、服务水平不高等种种问题。这要求政府一方面要加大对该养老模式的扶持，除设施的投入、服务的购买外，从根本上而言，还需要探索以税收优惠作为杠杆吸引和撬动多主体的投入，全面拓展家庭养老的支持市场，盘活现有的社区资源，就近开发养老服务。另一方面，要引入民间资本投资，在设施建设和服务开发上齐头并进，探索家庭养老服务的新型合作平台，拓展居家护理、家政服务、精神慰藉、医疗保健等服务项目，真正将支持的触角深入有养老需求的千家万户。财政对老年长期护理保险制度的关注和资助，是对家庭养老影响最为深远、意义最大的投入，有着盘活全局的重要功能。长期护理保险制度是最亟待获得政府财政支持的领域和事业。

3. 支持标准的调整

如前所述，目前财政对养老服务的投入，主要体现在对养老机构的支持上，而养老机构的性质和身份是能否获得财政投入和优惠支持的主要标准。然而，随着对养老机构财政资助"双轨制"的批评之声越来越多，政策的公平性和有效性受到了多方质疑，而且民办养老机构自身的改革也已经被纳入政府议程，公办民营、民办民营、民办公助、保险运营、自持等个性化、多元化模式运营，将成为未来养老机构运营的常态，如果坚持目前以机构性质和身份作为支持标准，可以想见，未来为给予不同的财政税收优惠而对它们的身份进行识别将成为财政部门的巨大困扰。

本书的建议是，与其以养老机构的性质和身份作为资助标准，不如转而以养老服务项目的性质作为获得财政资助的标准。原因是无论公办养老机构，还是民办养老机构，在提供的养老服务内容和服务人群上，实际上已经存在着部分的交叉。有些营利性养老机构也在为"三无"老年人、农村"五保户"等属于兜底性保障的老年人群体提供服务，而一些非营利性养老机构，也在提供基础养老服务之外的收费较高的养老服务项目。也就是说，非营利性机构提供的不一定都是非营利性服务，营利性机构服务的也不一定都是非公益优抚群体，这种服务人群和服务项目的交叉渗透，早已突破了理论上的公私分野。因此，一味坚持以养老机构的性质和身份作为财政支持的标准，不再适合养老机构发展的客观情况。从政策扶持的价值导向看，未来财政支持养老服务围绕"非营利性"依然是制度设计的基本取向，但其是营利还是非营利，不应再以机构身份识别，而应以机构提供的服务性质做区别。在工商和税务工作机制的支持下，可以合理跟踪和确定养老机构开展服务的"公益"性，根据养老机构提供的实际运营业务和实际开展服务的公益业务量确定其是否属于税收优惠政策的受益对象。

（四）规范财政支持标准

针对目前财政优惠政策政出多门、表述差异等问题，需要以税务部门为核心，系统梳理散落在各种规章和政策中的财政优惠规定，完善和编制统一的养老服务税收优惠文件，减少政策之间的冲突，便于新政策与现有政策的衔接，也便于向征收对象进行统一宣传和落实。其中，不同政策中的表述需要规范和统一，明确界定"非营利性"与福利性、公益性表述的确切含义，规范"养老机构"与福利机构、养老院等概念的使用，界定"养老服务"的规范内涵等。对于公办养老机构与民办养老机构的税收优惠"双规制"问题，如前文所述，以其所提供的养老服务是否具有"公益性"作为享受税收优惠的标准，逐步改变现有体制内对机构性质和身份的识别，最终实现以"服务公益性"为统一标准的税收优惠。

对于福利彩票公益金的提取和使用，尽管现有政策文件规定了原则上的使用范围以及经费使用比例的限制（市、区两级50%以上的福利彩票公益金要用于社会养老服务体系建设），但仍不能保障所申请事项符合公益金的用途，或者不能保障投向最亟须资助的事项与人群。一事一申请、一事一议的方式，必然引发对福彩公益金使用公平性的质疑，也为权力滥用和滋生腐败留下了空间。本书的建议是，需要进一步细化申请福彩公益金的事项规定，并根据养老服务体系建设工作的推进及年度工作的重心，做事项上的年度调整，为申请提供明确指引，降低因福彩公益金使用标准上的模糊所导致的不确定性，以此确保"公益金公益用"的资金使用投向。

（五）增加财政政策实效性

财政政策要积极发挥其杠杆作用，就要充分利用财政工具实现经济调控的目的。政府应该在提供了制度环境和基本养老保障之外，更多调动市场和社会的力量参与养老服务，并逐步引导它们成为养老服务的提供主体，让政府从"养老服务的生产者、提供者，变成养老服务市场的引导者、监督者，转变政府的角色"[1]。为增加养老服务业对民间资本的吸引力，激发其投资意愿，必须有效降低养老服务业投资和运营的税收成本。为此，可以探索更为积极的税收投资优惠措施。例如，对企业盈余不进行分配而投资于养老服务机构所获得的股息、红利等，免征或减征企业所得税、个人所得税；对市场主体以股权方式投资养老服务机构两年以上的，可以按照其投资额的一定比例，在股权持有满两年后抵扣应纳税所得额；对购买土地和房产用于开办养老机构的减免征收契税，并通过养老机构再投资退税优惠鼓励社会资本长期投入[2]；等等。这种调整降低了投资养老服务事业的前期成本和维持运营的成本，使政策在一定程度上顺应了资本逐利的本性，也就对社会资本有了更大的吸引力。

针对财政补贴激励失效问题，一方面要统一养老服务对象评估体系，以老年人经济状况和身体状况作为核心指标，同时增加其财产性收入和子女收入的动态监测，形成流动的可进可出机制，使得政策真正瞄准那些需要兜底性保障的老年人；另一方面，要对失能失智老人予以特殊代理申请机制，确保其权益不因其无行为能力而丧失。此外，有学者提出，涉老直接补贴的发放，不应仅仅区分老年人的弱势原因，精准施策还包括对目标人群进行弱势程度和急需程度的区分，以确定补贴发放的先后顺序，"首先是低保家庭中的失能老人，其次是低保家庭中的半失能老人、低收入家庭的失能老人，再次是低收入家庭中的半失能老人，最终覆盖所有失能老人、半失能的独居及空巢老人"[3]。

---

[1] 胡宪.支持我国养老服务业发展的财税政策分析[J].湖南社会科学，2017（4）：147.
[2] 参见郭佩霞，胡彬.支持养老服务业发展的税收政策探析[J].税务研究，2018（1）：40.
[3] 胡宪.支持我国养老服务业发展的财税政策分析[J].湖南社会科学，2017（4）：147.

至于养老护理员的就业与岗位补贴，则更多具有宣示意义，代表着国家扶持养老服务行业的意图，具有支持人才向养老服务行业流动以及稳定现有人才队伍的鼓励性作用。要想提升这些间接补贴的政策效应，还是要从根本上改变养老行业的生存现状，通过提升从业人员的职业地位和待遇来实现行业的繁荣。此外，提升间接补贴的政策有效性，也可以转变现有补贴视角和补贴对象，从补贴服务提供者逐步探索转变为补贴服务需求者。服务需求者拿到政府的补贴，一定程度上获得或者增强了服务购买能力和选择自主权，通过其"投票"行为促进市场的公平竞争。只有这样，养老服务市场的供需结构才能随之调整，质优价廉的养老服务才能逐步到来。

（六）提高政府购买服务效力

自2013年国务院办公厅出台《关于政府向社会力量购买服务的指导意见》，基本明确了政府购买社会服务的内容导向，即适合采取市场化方式提供的、社会力量能够承担的公共服务。该规定突出强调所购买服务应具有的公共性和公益性特征。广州市根据自身情况，积极推进政府向社会力量购买服务，主要通过两种形式实现服务购买。一是服务外包。即通过引入竞争机制，将政府购买服务事项通过合同、委托等方式，交给符合条件的承接主体来完成，根据其所提供的服务数量和质量支付服务费用。承接主体不得转包。二是补助或奖励。对兼顾或义务提供公共服务的社会力量，政府通过给予资金支持来降低特定产品或服务的价格，从而使消费者具有购买能力，或弥补特定社会力量的生产成本，提高其提供公共服务的水平和能力。这一方式其实是区分了补贴的对象，但无论是补贴给服务供给方还是补贴给服务需求方，目的都是通过降低公共服务的价格，反向提高消费者的购买能力，实现需求主体对公共服务的享有。

养老服务的购买，是政府通过与符合条件的企业、社会组织签订政府购买服务合同的形式来提供公共服务，其优势在于"竞争机制、成本控制、社会参与、效率提升等"[①]。政府购买养老服务就是政府为了履行老年社会服务职能，缓解老年照顾日趋紧张的矛盾和压力，依靠公共财政，通过公开招标或委托购买等形式向社会组织购买养老服务，由其代为履行老年社会服务职能。广州市根据本市经济社会发展特点，保障公共财政资金投入，在拓宽政府购买服务范围、扩大政府购买服务规模和提升政府购买服务质量方面下功

---

① 王刚，唐永文，张芳.政府购买社会养老服务的"互联网+"模式研究［J］.广西社会科学，2017（4）：130.

夫，相关投入与经验成就走在全国主要城市的前面。随着改革进入攻坚阶段和深水区，在多项改革齐头并进的当下，政府职能转变的重要方式之一即为政府购买公共服务。广州市要进一步提升政府购买的有效性和公平性、提高购买养老服务的能力和质量，未来还需要解决好以下3个议题。

1. 将政府购买纳入法制化轨道

政府购买公共服务，是政府转移职能，创新社会治理的重要手段，也是世界各国行政体制改革的趋势和潮流。但是，法治社会与法治国家的基本前提是，任何社会主体在进行创新探索和活动时，都要把握法律的底线，经受法律的检验。政府购买服务也需要研究相关法律环境和现有制度，在法律制度框架内进行探索。尤其是政府购买服务活动与现有合同法、行政法、劳动法等部门法的关系，其他如行政合同的合法性审查（采购合同的内容与形式）、合同签订、履行、管理和合同争议的解决途径、合同主体与权利义务的配置、行政合同的优益性与相对人权利保障问题等，都需要进一步研究和理顺。这一问题的实质，是行政管理方式的创新与现有制度的契合问题。

2. 培育专业化养老服务社会组织

政府向社会力量购买养老服务，主要是向具有政府认证资格的养老服务社会组织购买服务。因此，这些社会组织是否成熟完善，直接影响着养老服务提供的数量和质量。培育社会组织是一个长期的过程，需要政府的干预，也需要政策的倾斜，还需要财政的供给。广州市将社会组织的培育与政府购买活动相联系，通过政府购买活动扶持社会组织发展。有研究表明，社会组织的服务质量和服务能力是购买对象选择的最突出影响因素。[①] 而服务质量和服务能力主要通过社会组织的经营能力、专业性、信用度、政社合作年限、项目竞争力等方面考量。[②] 可见，随着社会组织对社会治理的深度参与，社会组织需要在现有体制内快速成长，在专业化和规模化的发展、多元治理主体的联结、社会要素的综合运用、政策研究和预判能力的开拓、自身造血功能的增强等方面寻求突破。只有社会组织被培育和发展起来，以契约方式为主的政府购买服务活动才能形成契约主体间的充分谈判和意思自由，才能真正通过市场调节的作用实现购买服务质量的提高。随着政府对于养老服务购买的财政投入逐年提高，如何用低廉的价格买到优质的服务，是

[①] 周俊.政府如何选择购买方式和购买对象？——购买社会组织服务中的政府选择研究[J].中共浙江省委党校学报，2014（2）：48-55.

[②] 程坤鹏，徐家良.从行政吸纳到策略性合作：新时代政府与社会组织关系的互动逻辑[J].治理研究，2018（6）：76-84.

未来其应该关注的重点。而开放的、充分竞争的市场，必然依赖市场主体的独立和成熟。只有这样，后续的监管、验收和评估等，才具有实际意义。否则，以政府为主导的购买活动将依然无法摆脱行政特权的"魔咒"，使得市场法则再一次望而却步。

3. 注重养老服务需求的基础研究和专业评估

政府购买服务，是将政府并不擅长的公共物品的生产经由其他社会主体提供给社会，政府为养老服务需求人群购买该服务。因此，瞄准老年人群体的养老需求，成为政府购买养老服务获得实效的关键。依据老年人对养老服务的需求，政府需要适时主动调整养老服务的种类和范围，使得服务的提供和老年人的需求相契合，从而提升老年人福祉和社会公共利益。也就是说，老年人需要什么，政府才购买什么；老年人最需要什么，政府就首先购买什么；哪些人最需要帮助，政府就优先帮助他们。牢牢把握需求导向进行政府购买，才能够真正使有限的财政资源用到"刀刃"上。这与以政府为本位的供给为导向的购买形成鲜明对比，以服务对象的需求取代政府的偏好，有效减少了供给服务与服务需求的错位问题，也相应减少了服务设施的"闲置率"，提高了服务项目的利用率。因此，以老年人需求为导向的政府购买，一是要注重老年人政策的基础论证和老年人需求的调查研究，二是要在专业人士的指导下开展有效的老年人需求评估。

其一，在发达国家，老年人政策的制定更加注重基础研究，并通过基础研究的结论为政策的制定和调整提供依据。瑞典是世界上老龄化程度较高的国家，其在制定老年人政策时特别注重基础研究的重要作用，尤其是在老年需求比较集中的家庭照料和生活设施问题上、在急需帮助的失能老人问题上、在养老机构与养老服务人员的专业资格认定问题上，瑞典政府都着重强调调研论证和基础研究的重要性。这一点值得广州市借鉴和学习。无论是老年人政策的制定，还是老年人需求的发现，都无法离开长期的基础研究的补给。我们应该赋予老年人需求与政策制定等基础性研究工作以更加重要的地位，扭转实际工作中以实践推进取代基础研究和政策论证的做法。

其二，由专业人士开展的专业评估实际上是对政府购买服务进行一次前置把关环节。根据专业评估，可以获得老年人需求的第一手资料，并根据不同的需求，有针对性地购买服务，制定动态的、可调整的服务目录清单，分层分类投放服务。但是，如果把服务使用者的需求控制在当地政府可以给出的资源和服务的范围内，以有效节省政府开支，实际上是"以可以提供的服务为导向"的评估，有悖于真正"以服务使用者的需求为本"的评估机制。因此,任何预设的标准都不能代替需求者自身的判断,如何发现这些需求是专业评估要研究的问题。

总之,财政体制作为养老服务的重要支撑,还需要进一步服务改革发展大局和广州市城市发展目标,解放思想、大胆创新,积极破除体制机制瓶颈,加快财政体制改革,逐步建立事权与支出责任相适应的市对区财政管理体制,建立科学规范的预算管理体系,发挥出财政职能的导向作用,为广州市养老服务体系的构建给予有力的财政支持。

第五章　广州市养老服务的评估体系

养老服务属于公共服务。养老服务的提供，实质上是现代政府执行其福利供给职能的表现，其目的是提高国民福祉。因此，公共政策的价值取向是"以人为本"，以人的生存和发展为宗旨，以提升人的生活质量为导向，以人的生活体验和感受为政策评价的标准。公共服务相对于一般服务来说，由于其提供主体主要是政府或公共部门，或者由政府向社会购买来满足公共需要，导致其天然缺乏市场的充分竞争。因此，如何提升公共服务质量是公共服务政策制定的主要目标，养老服务的评估机制是养老服务体系中不可缺少的重要一环。对养老服务对象的评估可以发现养老服务的需求所在，对服务提供主体的评估又可以发挥"以评促改""以评促建"的外部监督作用，两者对于推动养老服务质量的持续提升和养老服务体系的构建具有重要意义。

一、养老服务评估的根据和意义

建立健全养老服务评估制度，是积极应对老龄化，深入贯彻落实《老年人权益保障法》、国务院《关于加快养老服务业的若干意见》等法律法规的重要举措，是推进养老服务均等化，充分保障经济困难的孤寡、高龄、失能、失独等老年人养老服务的迫切需求，是合理配置养老资源、调动和发挥社会力量参与，促进医养融合，全面提升养老机构、居家养老服务质量和机构运行效率的客观要求。根据2013年民政部《关于推进养老服务评估工作的指导意见》等政策的要求，我国要积极构建养老服务的评估指标体系，以此规范养老服务业的发展，使养老服务各相关主体和服务有统一的标准和规范的依据。

评估是一个动态的过程。通过定期和持续的评估活动，有利于及时发现和纠正需求定位与服务提供过程中的不足；通过评估指标、评估内容和评程序的科学化设置，督促服务提供主体不断改善自身的建设，为其提供改善服务的内在动力；通过引入第三方评估等机制导入外部的监督，客观上形成了外部评价机制，由此可以从动态上通过提高养老服务的供给质量推动整个养老体系的良性运行。

总体上来说，养老服务体系构建语境下的评估制度，从广义视角来看，既有养老服务需求评估，也有养老机构的服务质量评估，既包括基于政府购买的服务绩效评估，也包括养老服务政策评估等。如果用诸如评估主体、评估程序、评估方法等其他标准来划分，则更为多元。本书为了研究的方便，将各种类别的评估大体上划分为两类，即对服务对象的需求评估和对服务提供主体的服务质量评估，同时兼顾评估主体、程序和方法等其他标准，力图将养老服务涉及的评估制度做出较为清晰的梳理，并从现有评估开展的过程中发现问题，为未来评估体系的科学化提供学理上的参考。

二、养老服务评估类别及完善

（一）养老服务需求评估

公共政策是政府等公共组织管理社会公共事务的指导准则，它决定着管理活动的目标。科学的政策和有效的执行，将促进经济社会的良性发展。为使政策实施效果减少偏差，对政策目标群体的需求评估成为发现和反映政策目标群体特征和需求的科学方法和手段。养老服务政策更是如此。养老服务需求评估，就是综合运用实地考察、调查和统计学等手段，对老年人的基本状况和养老服务需求信息进行调查、统计和分析的过程，其结果用于与养老服务有关的科学决策。养老服务需求评估，是养老服务体系构建的前提，也是政策评估、质量评估和绩效评估的基础。在财政资源有限的情况下，政府要执行其社会福利职能，就要尽可能地对投入的资源进行有效利用，而瞄准目标人群的需求是提升政策效率最直接、最便捷的方法。如果政策设计既能够满足兜底性养老需求，又能够对各群体内部需求的差异化保持敏感，那么，就可以在政策设计时根据人群和需求来投放服务，极大提高公共服务供给的有效性。

1. 需求评估的必要性

首先，就需求评估的价值来看，因现代国家福利政策的最终落脚点在于国民福祉的提高，因此，"以人为本"是福利政策的核心，也是需求评估追求的价值取向。提高国民福祉，重点在于了解国民需求。对于养老服务来说，重点在于了解老年人的养老需求。具体来说，社会化养老包含很多模式，如机构养老、社区养老、居家养老等，还有一些新型的养老模式正在逐渐探索和形成中，如智慧养老和医养结合养老等。这些模式能够提供的服务既有相同之处，也各自呈现自己的特色，而划分这些模式的主要依据是不同的老年人群体及其需求。应对老年人群体日益多样化、个性化的需求，需要有各种不同的养老模式来回应。每一模式需要怎样的构建规模、财政投入和政策扶持，都需要在评估需求的基础上科学开展，而每一模式下如何开展服务，也要具体针对目标人群的需求开展评估论证，以精准投放服务项目。需要注意的是，评估不是一个单一目的的过程，它在承担发现老年人养老需求功能的同时，还通过对评估工具的应用，发现老年人功能丧失和异常的情况、需要协助和支持的情况，"评估不单只是了解老人在每天的生活中遇到的障碍，也包括识别老人保留或发展出来的帮助他们弥补各种功能丧失的力量"[①]。可见需求评估虽然以发现老年人的养老需求为主要任务，但是利用同一评估过程能够实现的目的却是多方面的，这对于我们掌握老年人的身体和精神状况与需要，了解老年人障碍性功能和优势性能力所在，都具有重要价值。此外，目前我们正在探索的老年人长期照护体系的构建，也需要以老年人的照护需求评估为前提条件。没有科学的照护需求评估，就无法明确在长期照护上的政策定位，影响老年人长期照护体系的构建。

其次，需求评估是缓解养老服务结构性矛盾的关键。当前我国社会化养老面临的一个重要问题是供需结构失衡。政府在财政有限、资源紧张的情况下想方设法加大对养老服务的投入，尽可能扩大养老服务的覆盖人群，初衷是使得老年人能够得到质量较高的基本养老服务。但是，很多养老机构空置率居高不下，政府投放的资源被一些条件和身体相对较好的老人占有，真正需要服务的老年人因政策的不精细而未能进入服务覆盖视野。另外，无论是社区养老还是居家养老，政府每年都会投入资金购买养老服务，但是精心编制的养老服务购买目录在很多情况下却并没有针对老年人最急需的服务进行制定。除了购买服务诸多资金和程序上的限制外，未能对服务人群进行充分的需求评估，也是服务与需求错位的重要原因。美国医学专委会曾指出，提高全国养老机构服务质量的根本是要全面评估需要长期照护的老年人。因此，科学地进行养老服务需求评估，是缓解当前养老服务供给与需求结构性失调的重要途径。

---

① 迪特里克. 老年社会工作：生理、心理及社会方面的评估与干预[M]. 隋玉杰，译. 2版. 北京：中国人民大学出版社，2008：76.

最后，养老服务需求评估是发现和识别基础养老要求与个性化养老需要的重要手段。随着社会发展和进步，老年人的养老服务需求越来越呈现出差异性。他们既有基础养老要求，又有个性化特殊养老需要；既有物质生活保障上的需要，又有精神生活上的追求和要求。因此，发现和识别老年人不同的服务需求，离不开全面、科学的养老服务需求评估。

以上所述开展养老服务需求评估的必要性，实际上有一个共同落脚点，就是为有效制定和实施政策提供科学依据。养老服务体系的建设，必须遵循"需求导向"的构建路径。

2. 需求评估现状及完善

（1）需求评估开展的现状

广州市为实现对老年人服务需求的精准掌握，开展了多层次多主体的调研活动，探索建立科学的需求评估体系，保障政策实施的力度和幅度符合当前经济社会发展现实，能够对接老年人的真正需求，还要兼顾效率性与公平性等。目前，广州市使用统一的广州市地方标准《老年人照顾需求等级评定规范》开展全市老人的照顾需求评估。《老年人照顾需求等级评定规范》（DB4401\T 1—2018）是由广州市民政局制定的本市养老服务领域的地方标准，由市质量监督局于2018年4月4日正式发布。通过该标准对老年人需求等级进行评估，将评估结果作为老年人享受广州市养老服务补贴及服务优待等政策的前提和依据。

广州市推进养老服务需求评估，主要集中在以下3个方面。一是对老年人需求评估机构和评估员做出相应的规定。评估机构应拥有执业（助理）医师、执业护士、康复治疗师、助理（中）级社会工作师、高级养老护理员人数不少于5名，评估员应具有医师（助理医师）、护士、康复治疗师、助理（中）级社会工作师、高级养老护理员相应执业资格，每次评估应有至少1名执业医师或中级职称以上护士参与。这样的规定提高了评估机构和评估环节中专业人士的参与度，有效提升了评估的专业性和科学性。二是广州市在居家养老综合信息服务平台中加入了"照顾需求等级评估功能模块"，启动统一的居家养老综合信息服务平台开展评估工作。这就保障了评估程序和评估机构的透明度。另外，广州市还在研发老年人照顾需求等级评估的数据统计及分析功能，通过建立评估数据库，实现对全市老年人照顾需求和身体情况尤其是失能失智情况实时掌握，实现老年人基本信息和服务需求等信息资源的共享，为完善养老服务政策及养老补贴制度等提供依据。三是广州市明确要求各区民政局加快使用2016年社区居家养老服务创新试点启动经费中的80万元老年人照顾需求评估资金，完成"3+X"试点中的评估任务，并将《老年人照顾需求等级评定报告》上传至广州市居家养老综合信息服务平台，评估对象的《老年人照顾需求等级评定报告》在一年内有效，在此有效期内申请其他类型的养老服务或享受相关养老服务待遇等，不需要重新评估。

此外，广州市还在福利彩票公益金资助公益创投项目中，特别将老年人的照顾需求评估纳入其资助范围。资助公益创投项目以组建团队的方式，建立持续教育机制，利用专业量表和信息系统评估老年人的自理能力、社交状态、照顾需求等，并根据评估结果提供个性化专业服务方案。

（2）需求评估存在的缺陷

广州市目前对养老服务需求进行评估的主要缺陷在于专业性不足。主要表现在评估机构、评估人员、评估工具和评估流程4个方面。

一是专业评估机构参与度不高。需求评估是一项专业性很强的工作，过去一直靠民政部门等行政机关来推动养老服务需求评估，或者借助相关机构在政府部门内部成立评估小组。这种做法的弊端是，由于缺乏专业评估机构的参与，需求评估要求的科学化流程、专门化知识和成型化经验等均无法获得和实现，导致评估流于形式化，评估效果不佳严重影响了政策的制定和实施。

二是评估人员的专业素质欠缺。评估的科学性和专业化直接体现在其评估人员的专业素质上。开展养老服务需求评估，往往需要多方面的专业知识背景，如医学、心理学、社会学、社会工作专业知识等。能够熟练掌握并综合运用上述所涉知识开展评估工作才能保障需求评估的有效性。然而，当前的评估多是从各行业中抽调专家人员临时组成评估小组，对某一既定任务开展评估工作，其工作的协调性、长效性、有效性等都值得商榷。专业评估人员在总体上仍然处于严重不足状态，尤其是在基层，专业机构和专业人员都极为有限，使得很多地区的养老服务需求评估只是走个过场，应付了事。

三是评估工具过于简化和单一。一些开展老年人养老需求评估的地方，采用的多为国际通用的评估工具，如分类拟合评估工具和日常生活活动能力等的评估量表。评估工具包括对其日常生活能力和精神状态等进行评估的日常用具，如毛巾、牙刷、杯子等。评估量表主要包括老年人能力评估表、医疗照护评估表、疾病状况评估表、社会支持评定量表、养老意愿评估表等。广州市发布的需求评估规则，也采用这些传统工具和量表。这些评估工具多从单一角度对老年人需求进行评估，简单的精神状态评价量表也难以兼顾老年人精神层面的多向度需求，如主观心理需求的倾向和意愿等。评估工具的单一，仅对完成需求评估来说依然有其无法关照之处，如果从评估承担的识别障碍性和优势性能力等多向度功能来看，则更难以胜任。

四是评估流程的科学性有待加强。广州市现行养老服务需求评估流程具体参见图5-1。

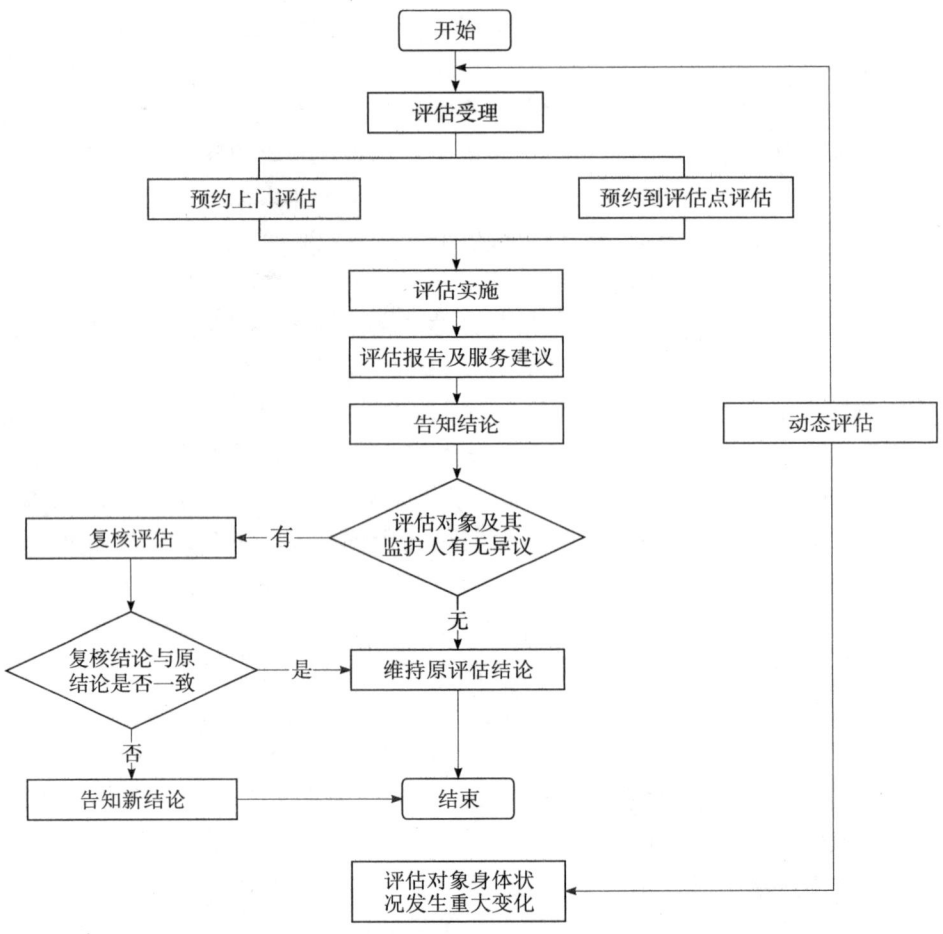

图 5-1 老年人照顾需求等级评定流程图[①]

就现有评估流程看，广州市养老服务需求评估程序的科学性有待进一步提高。按照现有流程，老年人进行首次评估和此后进行复评、身体发生重大变化时的动态评估均采用同一流程。这样做尽管减少了因不同评估流程导致的程序烦琐，但是也使得评估无法应对不同情况做出机动调节。尤其对于紧急情况下的需求评估并没有给出"绿色通道"，使得评估流程的适应性和应急性不足。另外，此评估流程是承接需求评估的机构或有资质的社会组织对老年人照顾需求进行评判的基本程序，评估流程中没有给其他主体的复核和

---

① 此图来源于广州市地方标准《老年人照顾需求等级评定规范》（DB4401/T 1—2018）。

再审留出空间，这就使得所有评估，包括复核，均由单一主体进行，尽管在程序上保有复核评估，但是如果存在异议，复核依然由原初审主体进行，其公正性必然受到质疑。

（3）需求评估的完善

加强养老服务需求评估的专业性可以从4个方面入手。

其一，专业评估主体的引入。评估工作的专业要求较高，有着烦琐但相对独立的评估程序。此项工作交由具有评估能力的专业机构、科研院所、社会组织等更具有工作开展上的优势。同时，专业机构、科研院所和社会组织因其与政府既无隶属关系也无利益关系，相对于政府牵头开展的内部评估，专业机构等开展的评估，因"第三方性"和"外部性"，有效保障了评估过程的公开、透明、公正。有学者将第三方评估的重要功能界定为"有助于推进养老服务的供需匹配""有助于导入养老服务的流程绩效管理""有助于优化养老服务的效果评估"[①]。政府通过购买服务的方式，购买专业机构、科研院所、社会组织等第三方评估机构的评估服务，将评估的整体开展过程交由它们负责，由第三方评估机构向政府提供评估结果并对评估结果负责，政府只在其中承担资金提供和过程监管的职责。政府从评估工作中脱离出来，最大限度保持其中立性和客观性。具体而言，未来需要在以下方面为引入和完善第三方评估做好准备。一是要建立健全评估主体的资格认证和管理工作，提高第三方评估机构的独立性、专业性。二是要健全第三方评估的信息公开制度，保障评估过程和结果的透明可见。三是要完善评估的流程管理制度，强调评估标准的统一化，评估过程的系统化、规范化。四是要构建评估的法律保障机制，明确第三方评估主体的法律地位，保障评估的合法性和独立性等。

其二，专业评估人员的培养。培养一支专门化的评估团队，是养老服务人才队伍建设中的应有之义，也能够为养老服务体系的构建提供必要的人才支持。根据现有条件，可以采取由专业评估机构培养和引进专业评估人员的方式，也可以采用由政府直接培育和组建专业化的评估人才队伍的方式。无论哪一种方式，都要以评估人才具备专业评估所需的背景知识、具有相应的实践经验、能够做出科学客观的评估为准则，使专业人员的培养和培训常态化、长期化甚至可以纳入正规学历教育体系，在培育专业评估队伍的同时逐步提高评估人员的专业素质。

其三，专业评估工具和方法的改进。传统的评估工具主要涵盖养老服务的基本需求，但是还需要更为细化的评估工具。有学者认为，养老服务

[①] 李春，王千. 政府购买养老服务过程中的第三方评估制度探讨［J］. 中国行政管理，2014（12）：39.

需求的评估工具可以从 3 个方面予以涵盖，即"老年人的个人信息、家庭特征和社会养老服务需求意愿。具体而言：个人信息，包括老年人的性别、年龄、学历层次、自理能力、身体健康状况、经济状况等内容；家庭特征主要包括老年人的婚姻状况、子女数量、居住方式等内容；社会养老服务需求主要从机构养老服务、社区养老服务和居家养老服务三个类型加以测量"[①]。也有学者指出，对老年人的养老需求评估，应该区分不同的指标来使用和开发评估工具，即对老年人的能力状况和老年人的条件状况分开使用评估工具。前者主要是对老年人的日常生活活动、精神状况、情感知觉和社会参与等进行评估，后者主要是对老年人的自身收入、家庭情况、外界支持、主要照顾者和参加老年活动等情况的评估，以此来划分涵盖老年需求的各个层面，更好地掌握老年人的全面需求。此外，针对现有评估内容多围绕日常生活能力、认知能力和疾病程度方面，对于老年人的精神行为、认知能力关注不足的现实，未来应该更多开发和利用新的评估工具重点关注老年人的主观需求、社会适应性需求等精神领域需求，探索由现在的简单基础需求评估向综合化需求评估转变、由单一维度评估向多向度需求评估过渡的工具和方法。寻求通过需求评估实现基本信息的掌握，以推动障碍性功能的识别、优势性功能的发掘、需要支持和协助的事项等多项目标的达成。

美国在 20 世纪 80 年代为统一各照护机构的评估标准，研制出了最小限数集（MDS），其 12 个评估类别基于纽曼的健康照护系统理论划分为长期照护、社区卫生和家庭护理，"MDS 对老年人评估的方面包括身体功能和结构性问题、认知状态等维度，且有特定分级标准。MDS 不仅可以得出老年人照护需求，还可以作为判断照护质量的指标从而进行个性化照护"[②]。此后，MDS 作为照护服务的可靠依据已被多个国家采用和推广。德国对于养老服务的需求评估主要用于确定长期护理保险的被保险人是否需要长期护理服务以及服务程度。为了评估过程的标准化，德国制定了全国统一的评估标准来确定申请人的受益资格和服务程度。[③]2008 年，德国使用了新的评估工具（Das neue Begutachtungsassessment，NBA），评估指标包含认知和沟通能力、心理和行为、活动、自我照顾能力、疾病相关管理、家务活动、社会接触等方面，综合全面地对申请人的健康状况和护理需求进行评估。这些发达

---

① 黄俊辉，李放，赵光.需求评估：构建社会养老服务体系的关键环节[J].老龄科学研究，2014（8）：57-58.
② 转引自李玮彤，徐桂华.老年人照护需求综合评估研究现状及进展[J].中国全科医学，2018（27）：3291.
③ 钟仁耀.提升长期护理服务质量的主体责任研究[J].社会保障评论，2017（3）：80.

国家广泛采用的评估工具和其他新型评估工具，都可以作为广州市未来完善评估工具的参考。当然，在引进国外先进评估工具时要注重对其进行本土化改造，以制定出适合广州市特点的本土化评估工具。

其四，评估流程的优化。广州市需要进一步完善现有需求评估流程，增加不同情况下的评估通道，尤其是老年人紧急情况下的特殊流程需要被打通。改变单一主体主导评估的模式，在服务所涉领域引入"第四方"监督和复核实为必要。在这个问题上，德国的经验是，评估老年人的照护等级时，由德国医疗保险医事鉴定服务中心（Medizinischer Dienst der Krankenversicherung，MDK）首先负责长期护理保险受益资格的认定，并派员入户进行第一次评估认定，拟定照护计划，健康保险疾病基金（保险人）依据材料进行二次判定，以提高评估结果的准确性和服务的适切度。

（二）养老服务质量评估

服务质量评估，主要是对服务提供主体进行评估，即对养老服务体系中提供不同服务的居家养老、社区养老和机构养老的机构、企业或组织等进行服务质量和绩效的评估。服务质量评估，一方面通过外部监督标准的设置加强了对养老机构的管理；另一方面，评估标准的导向性功能也能推动机构进行自我管理，不断提高养老服务质量。

1. 养老机构服务质量评估及完善

我国在养老机构的服务质量评估上，出台过《老年人社会福利机构基本规范》《养老机构服务质量基本规范》（2017年）等政策文件，明确了养老机构服务质量的国家基准线，为各地构建养老机构服务质量标准奠定了基础。目前，对养老机构的服务质量进行评价主要是通过对服务过程的考查、入住老年人的健康状况、入住老年人的满意度和生活质量等方面来反映。因此，服务质量的评估指标指向管理和设施设备质量、基础服务质量和护理服务质量几个方向。有学者认为，这样的评估指向并没有全面和准确反映养老机构的服务质量，而应该将指标具体化和分级，"对专业养老服务机构的评估，下设五个一级指标：服务机构的硬件设施、服务机构的财政情况、服务机构可提供的服务项目和数量、医护人员情况和服务对象的满意度"[1]。而每一一级指标下设若干二级指标，如"服务机构的硬件设施包括四个二级指标：场地面积、根据各社区的老年人数目合理设定服务点、机构环境、能够提供最多服务人数"[2]。以评估指标的细化和分级形成不同的评估标

---

[1] 童峰，刘金华. 浅谈养老服务评估指标体系的建构[J]. 学术论坛，2015（12）：129.

[2] 童峰，刘金华. 浅谈养老服务评估指标体系的建构[J]. 学术论坛，2015（12）：130.

准，来具体测算和反映养老机构的服务质量。

2019年2月，国家市场监督管理总局、国家标准化管理委员会发布了《养老机构等级划分与评定》国家标准，根据综合能力，将养老机构分为5个等级，填补了养老机构等级划分与评定的国家标准空白。其中，对于养老机构服务质量分项上的具体要求，可以作为未来进行养老机构服务质量评价的参考标准。广东省除执行养老机构服务质量基本规范的国家标准外，2016年颁布了《广东省养老机构质量评价技术规范》，为广东省的养老机构质量评价提供了标准，也为养老机构服务质量的持续提升提供了科学、客观的依据。广州市目前执行的是国家和广东省的标准，以此对养老机构服务质量进行评价。根据《广东省养老机构质量评价技术规范》的规定，民政部门委托第三方评价机构对养老机构质量开展评估，评价的基本依据由《养老机构质量评价考核要素及分值表》和《养老机构顾客满意度测评方法》构成，以《养老机构质量评价考核要素及分值表》作为评价工具对评价项目进行打分，服务质量评价结果采用星级制，从低到高依次为一星至五星，星级越高，表示服务质量越好。其具体评价程序参见图5-2。

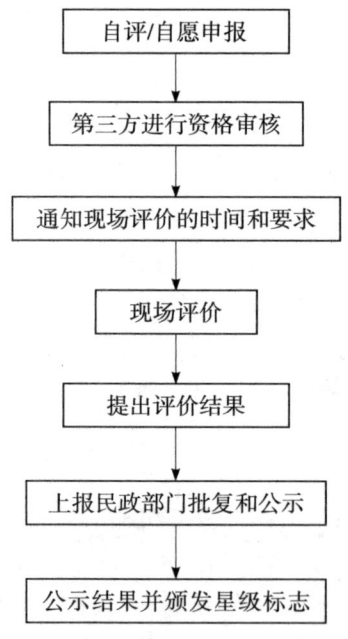

图5-2 广东省养老机构质量评价程序[①]

---

① 该流程图根据《广东省养老机构质量评价技术规范》（粤民发〔2016〕175号）公布的"质量评价程序"整理绘制而成。

对已经获得星级评价的养老机构，广东省规定每年要根据《广东省养老机构质量评价技术规范》规定的所有内容进行一次年度监督，对质量等级予以确认，不参加监督的机构被视为放弃并收回星级标志。2017年，广东省开始养老机构的星级评定工作，评选出99家首批星级养老机构，为广东省养老机构服务质量的提升注入了新的活力和动力。

总体而言，星级养老机构的评定工作有效推动了广州市的养老机构服务质量的改善，现有评价机制也有利于形成养老机构的良性竞争和可持续质量提升。广州市的养老机构质量评价，主要依靠《广东省养老机构质量评价技术规范》中提供的《养老机构质量评价考核要素及分值表》和《养老机构顾客满意度测评方法》作为评估工具，主要采取结构性指标、过程性指标和结果性指标[1]的方式，即无论是养老机构自评还是第三方评估，均使用《养老机构质量评价考核要素及分值表》来进行打分，而对于服务对象满意度则使用《养老机构顾客满意度测评方法》来考查和衡量。因此，广州市的养老机构服务质量评价实际上涵盖了机构自评、第三方评估和老年人满意度评价三部分，但是并未区分结构性、过程性与结果性指标在不同主体评估中的侧重，使得评估指标设计粗泛化，没能根据不同的评估主体有所侧重。例如，结构性指标在机构自评中的意义实际上并不大，而其在外部第三方评估中则不可或缺；又如，老年人满意度评价，抛开了前述结构性、过程性和结果性指标，单独设计了满意率调查表，然而调查表的设计过于简单，覆盖面有限，与过程性指标脱节，对于服务的过程满意度的关注明显不足。此外，评估指标下的评估项目的设置，也存在一定缺陷。例如，对精神服务项目涉及较少，仅在基础护理中有两项有所涉及，即心理慰藉和临终关怀。精神服务是养老服务中的重要组成部分，是养老服务质量提高的重要标志，应该成为养老机构服务的重点内容之一。但是，目前广州市养老机构普遍对老年人的精神服务不够重视，在服务质量评估指标的设计上忽视对老年人多层次的心理需求的关照，也缺乏情感慰藉的多元手段，导致老年人精神养老质量不尽如人意。

广州市未来可以从以下两个方面完善养老机构的质量评估体系。

---

[1] 根据《广东省养老机构质量评价技术规范》中的术语界定，结构性指标（structural index）是指，为评价养老机构的服务意识、管理制度、环境管理以及设施设备等资源配置的满足程度而设定的要求或预期；过程性指标（process index）是指，为评价养老机构所提供的养老服务项目完成程度和技能水平而设定的要求或预期；结果性指标（outcome index）是指，为评价顾客因接受养老服务而产生的生活和健康状况的改变程度而设定的要求或预期。

一是不同的评估主体应采用各有侧重的评估指标。对养老机构服务质量进行评价，一般可以分为3种主体的评估，即机构自评、老年人评价、第三方评价。应该根据机构设置和服务特点，对不同主体的评估采用不同的评价指标。即便指标是统一的，也应该在各主体进行评估时，指标在权重上有所区别和侧重。例如，在养老机构的自评中，适当减少结构性指标而更多采用过程性指标以重点突出机构自评中对服务提供过程的考查；在老年人评价方面不必单独设计满意度调查表，仍然可以适用过程性指标和结果性指标来达到调查的目的，减少结构性指标的设计，突出老年人的服务体验和实际感受；第三方评估则要综合使用结构性指标、过程性指标和结果性指标3大类指标，并不断调整指标下项目设置的合理性，使得第三方评估发挥全面、综合、整体考查的目的。由此，3类主体对养老机构服务质量的评估各有侧重，分开考查能发现机构提供服务的不足和需求尚未覆盖之处，合在一起又能够全面衡量养老机构整体服务质量，这是未来广州市改善现有评估指标体系的重要改革方向。在此，可以借鉴同样老龄化程度比较深的日本养老机构服务质量评价体系的设置，他们根据不同的评价主体设计了不同的评级体系，不同的评价体系基本涵盖组织设置、业务管理、服务内容和运营管理等方面，每一方面下设不同的评价指标。例如，在机构自评方面，采用的多为过程质量指标，侧重对养老机构提供服务的过程进行重点考查，具体包括基本事项、服务体制等70余项指标；老年人评价方面则主要采用结果性质量指标和过程性质量指标，侧重对老年人服务体验和实际感知做考查，具体包括以老年人为主的服务、合同化及危机管理等方面；第三方评价运用结果性质量指标、过程性质量指标和结构性质量指标，主体主要由各区县评价机构、医疗护理机构和其他组织构成，注重对服务过程、老年人体验的评价。[①]这种对不同的主体类别分别采取不同的评估指标的评估体系，能够在一定程度上解决一刀切式的评估带来的简单粗泛，有利于更精准把握养老机构的服务质量。

二是完善和补充现有评价指标和项目。上述《广东省养老机构质量评价技术规范》中提供的《养老机构质量评价考核要素及分值表》和《养老机构顾客满意度测评方法》是目前广州市对养老机构服务质量进行评估所采用的评估工具。在整体评估指标和各项指标下的评估项目中，还存在一些需要继续改进的地方。例如，现有评估体系更为注重基础设施建设的齐

---

① 纪代红，王春霞，李亮，等.养老机构服务质量评估研究进展[J].中国护理管理，2018（11）：1524.

备、服务的过程和效果，但是并未对员工状况、机构照顾计划、机构从业人员与服务使用者之间的关系予以更多的关注。在现有的《养老机构质量评价考核要素及分值表》中，除在结构性指标下"1.7 员工权益保障"[①]中设置了3项评价项目外，几乎没有涉及员工状况、员工需求、员工与服务对象关系等层面的评选项目和指标，最弱程度的相关仅以是否严格执行了劳动立法的权利义务、是否发生过劳动纠纷、是否为员工进行了入职体检3个方面进行呈现，远远不能涵盖机构对员工的其他需求和权益的关注情况。这一缺失将养老服务一线提供者的从业现状和需求排除在外，存在很大的缺陷。在英国，养老机构服务质量评估工作主要由英国护理质量委员会负责，其适用的评价工具主要涵盖员工状况、机构的照顾计划、服务使用者的生活质量、职员与服务使用者的关系、服务使用者的评价和意见。值得关注的是，在英国，"养老机构从业员工的意见得到很大程度重视，其被认为是提供高质量服务的关键因素。服务人员数量的充足、科学体系的专业培训、员工行为监督和自我评估都被纳入养老机构服务质量评价体系中"[②]。英国护理质量委员会主要根据养老机构服务的安全性、有效性、服务人员态度、满足需求和组织管理5个方面进行评估并对养老机构进行分级。可见，在对养老机构的服务质量进行评价时，从业人员的意见在英国受到了充分重视，这一点是值得我们借鉴学习的。养老服务从业人员的态度、理念、能力以及从业需求等是养老机构服务质量的根本保障，在评估指标中进一步覆盖员工的行为、态度和意见，是未来广州市继续改进评估指标时需要关注的方面。

2. 社区居家养老服务质量评估及完善

社区居家养老服务，是以社区为依托，引入专业社会力量参与，通过社区服务站点向社区内的老年人提供日常照料、文体娱乐等服务，同时辅以家庭照顾的复合型养老模式。对社区居家养老服务进行绩效评估，属于一种公共服务的绩效评估，它不仅强调服务投入与产出的比例关系，而且包括投入资源的合理性和结果的有效性评估。因此，对公共服务的绩效评估不仅要重视结果，也要考查过程。有学者将这样的评估标准定位为"公平性、经济性、效率性、效果性"4个方面，即评估社区居家养老服务是否满足了弱势群体的基本需求，是否使受益者得到了公平待遇；养老服务的供给方式是否

---

① 参见《广东省养老机构质量评价技术规范》中使用的《养老机构质量评价考核要素及分值表》。

② 纪代红，王春霞，李亮，等.养老机构服务质量评估研究进展［J］.中国护理管理，2018（11）：1524.

有效节约了成本和投入;投入和产出的比例如何,包括社区居家养老服务设施和服务的利用效率;政策在多大程度上达成了目标,实际目标与预期目标有多少差距等。①社区居家养老服务在我国的发展并不成熟,在理论和实践上仍处于起步阶段,但是加强对其服务的监督和评估,能有效提升社区居家养老服务质量,因此,社区居家养老服务质量评估备受各地重视。同时,因政府购买公共服务的改革不断深入,以政府购买的方式提供养老服务,已经成为养老服务公共供给的主要方式,对养老服务进行评估,同时具有对政府购买服务绩效的评价目的。

为规范全市社区居家养老服务工作,科学评价养老服务成效,提高养老服务质量,也为了给全市各区实施社区居家养老服务评估提供统一的标准,广州市民政局在2018年发布了《广州市社区居家养老服务评估指引(试行)》(以下简称《评估指引》),明确由各区居家养老服务中心采取政府购买服务的方式委托第三方评估机构,对各街道(镇)居家养老综合服务平台开展的社区居家养老服务项目实施评估。按照广州市现行社区居家养老服务提供方式,主要包括政府购买和各区、街道(镇)自主提供两种。按照《评估指引》的规定,两种方式的养老服务都需要进行定期评估。评估内容涵盖上门生活照料、助餐配餐、日间托管、上门医疗、康复护理、临时托养、文化娱乐、精神慰藉、临终关怀、安全援助10项内容。评分指标包括场地选址、场地设施、场地安全、服务要求、服务内容、服务人员、服务开展、服务管理等。评估结果用于政府执行差别化的服务项目补贴,并对不合格的社区居家养老服务机构或自主提供服务的街道(镇),由各区居家养老服务中心督促整改。广州市社区居家养老服务评估的流程具体参见图5-3。

---

① 章晓懿,梅强. 社区居家养老服务绩效评估指标体系研究[J]. 统计与决策,2012(24):74.

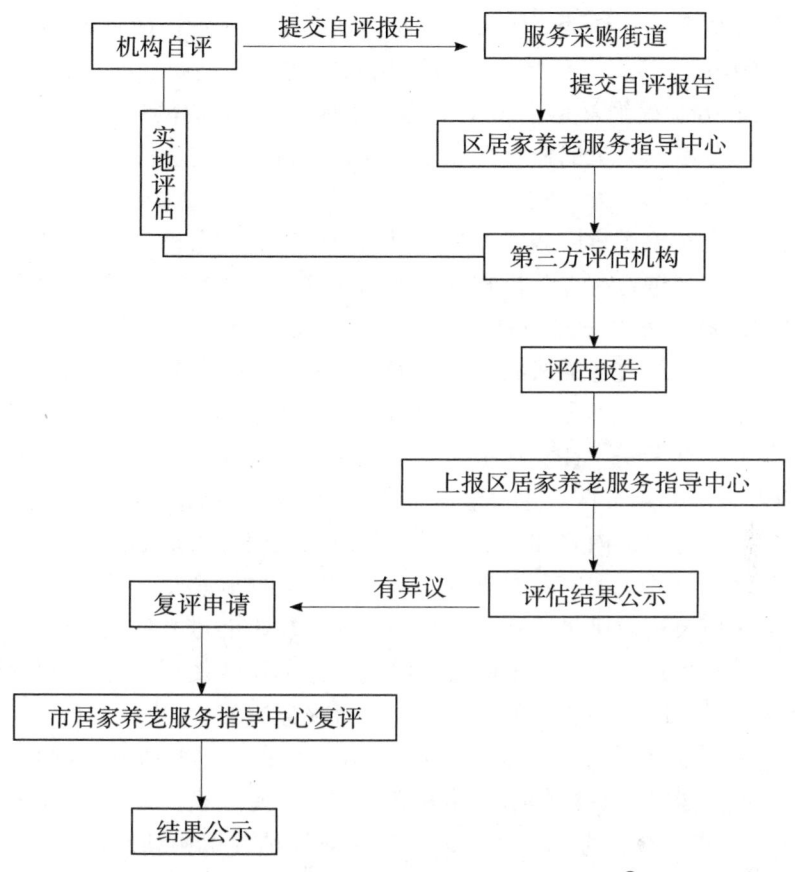

图 5-3　广州市社区居家养老服务评估流程①

《评估指引》和此前广东省发布的省地方标准《社区居家养老服务规范》(DB44/T 1518—2015)，为广州市开展社区居家养老服务评估提供了评估标准。但是，现有对社区居家养老服务的评估存在着一些缺陷，主要表现为评估方式的实际使用流于表面，没有充分发挥评估的监督促改作用。根据《评估指引》规定，社区居家养老服务主要采取如下评估方式：现场服务及过程观察、文件审阅、访谈、服务对象满意度调查。在这些方式中，现场服务与过程观察是直观感受养老服务提供过程和开展方式的最便捷的途径。但是，在实际应用中，因现场观察需要一定时间的持续，为了缩短评估时间，很多评估小组到现场更多的是查阅服务档案、人员结构、制度建设等其他材料，现场观察变为"到现场看资料"，与文件审阅方式的区别并不明显，现场服务和过程观察方式的独特作用并没有得以凸显。

---

① 此图根据《评估指引》绘制而成。

对于访谈方式，访谈大体需要准备访谈提纲、选定访谈对象等活动，而在实际操作中，第三方评估小组多以相同的访谈提纲向不同服务提供主体提问，或者访谈提纲常年不发生变化；访谈对象的选择具有随机性和任意性，没有充分考虑人员的典型性和代表性，使得访谈方法应发挥的作用受到了抑制。

至于服务对象满意度调查，是指对服务内容、收费标准、服务频率、服务态度等满意度进行调查分析和量化评估。这一方式是从服务对象体验和感受的角度来对服务质量进行评价。老年人是服务的消费者和接受者，是养老服务供给质量最有话语权的角色。因此，对于服务对象满意度的评估，老年人是质量评估中必不可少的一个视角，以发挥老年人在养老服务供给质量上的监督作用。但是，在实践中，老年人作为服务相对人的意见并没有得到充分重视。《广州市社区居家养老服务服务满意度调查表》设计涵盖10项内容，主要涉及对服务内容和设施是否满意以及对服务人员的能力和态度等是否满意，而老年人对居家养老服务的接受程度、体验感受、服务是否满足了自身的需求以及需求满足的程度等核心问题，均未能进入列表。这样的满意度调查设计显得过于粗浅，未能真正将老年人的服务使用感受和体验作为核心指标来衡量，因此无法准确评价老年人对服务的满意程度。

此外，以上各项评估方式在实际应用中都有着过度依赖纸面材料的弊端，即片面追求评估材料的格式化和齐备化。一年一度的评估工作被看作是被评估主体最为重要的工作之一，为了应对评估，机构和街道（镇）等往往会大量投入人力和精力来准备评估需要的各种表格和资料，使得评估的实际效果大打折扣。这样的评估模式使得很多被评估主体感到对实质服务质量的提升并未真正起到督促作用，反而流于程序化、表面化，成了机构和街道（镇）为了获得政府补贴或者持续获得后续政府购买而不得已为之的活动。

完善社区居家养老服务的评估，需要从以下3个方面入手。

一是设计以消费者为导向的评估体系。社区居家养老服务的消费者是老年人，在评估体系的设计中，必须始终围绕老年人的社区居家养老服务需求进行，以老年人的服务使用频率、感受和体验为核心，适当增加老年人权益维护、感受体验方面的评估指标，并加重老年人服务满意度占总分值的比重，以此推动服务提供主体将工作重心放在提升老年人服务满意度上，进而改善养老服务领域内政府供给与老年人需求不匹配的结构性失衡现象，减少政府资源的浪费，提升服务品质。

二是合理使用评估方式。纠正现有评估过度依赖纸面材料、过于形式化和表面化的倾向，建议给服务提供者以更大的自主空间，将评估的重心放在强调服务的过程和服务的实效上。对此，本书的建议是，改变现有年度定时评估的方式，改为注重服务过程的随时监督和抽查评估；改变现有单一化和平面化的评价体系，充分发挥多元主体的优势，形成政府监督、第三方监督和社会监督联动的体制，构建多维评价体系以落实评估对提升养老服务质量的功能定位。而构建这一多维评价体系的关键在于，"要在不断探索完善政府监督机制的基础上为社会监督创造条件和可能"[①]。因此，要不断发挥社会组织的行业监管作用，探索社会监督的有效途径。

三是补充新型养老模式和特色养老项目的评估。随着新型养老服务模式的探索，一些新的养老服务方式和项目正在不断涌现，特别是随着"互联网+"对养老服务行业的影响逐渐深入，跨界和深度融合式的新型养老模式已经成为加快养老服务业发展的新常态，养老模式开始走向多元模式融合和共生发展，如医养融合型社区颐养机构的出现、家族式集中养老模式的探索等。越来越多的个性化和人性化的养老模式正在不断地从理念设想变成现实。这些新型养老模式和特色项目的出现，需要政府给予充分的关注，对它们仍沿用现有的评估指标显然是不合时宜的，要求在调查研究的基础上制定新的监督评估指标体系，如此才能在总体上为新型养老模式的健康发展提供基本指引，并扶持和引导其始终为提升老年人的养老服务质量服务。

---

① 方俊，李子森.政府购买社区居家养老服务的探索：以广州Y区为例[J].中共中央党校学报，2018（3）：74.

第六章 广州市养老服务体系构建中的特殊问题与特色探索

人们以"北上广深"来代表中国正在迅速发展中的特大型城市，人口的大量聚集使得这些城市的人口总量快速扩张，社会结构加速转型，城市的公共服务供给在这种人口快速扩张的过程中逐渐显得滞后，不能适应多元结构人群的多层次需求。人口老龄化加重了特大型城市的社会运转负担，也使得它们的社会管理和城市管理面临着新的考验。广州市由于其特殊的历史和地位，在养老服务体系的构建上，既有一些共通的诸如制度建设、人才队伍、财政支持和评估监督等问题要面对，也有一些具备广州特色的特殊问题需要解决，还有着对养老服务核心问题的特色探索。针对大湾区建设的核心城市、国家中心城市、华南地区中心城市的定位，广州市的资源吸引着全国尤其是整个华南地区的人才大量涌入。如何让自己的社会管理政策跟得上时代的变化，考验着这座城市的管理智慧，也体现着它的开放性及包容度。本章将发掘养老服务体系构建中广州面临的一些特殊问题，及广州在长期照护体系建设上的特色探索，形成符合广州发展实际的特殊思考，打造"广州特色"的养老服务，完整和完善广州市养老服务体系建设。

一、外埠老人在穗养老问题

作为全国中心城市、华南地区特大城市的广州，其外来人口占城市人口的比重越来越大，以截至2018年末的统计数字来看，广州市常住人口为1 490.44万人，其中户籍人口927.69万人，[①] 非户籍人口已经占常住

---

① 广州市统计局.2018年广州市人口规模及分布情况［EB/OL］.（2019-02-15）［2020-02-05］. http://tjj.gz.gov.cn/tjgb/qtgb/content/post_2788687.html.

人口的37.8%，加上频繁流动和迁徙等原因导致不符合常住人口统计口径的人群，实际上，非户籍人口占总人口的比例更高。广州市户籍老年人口（60周岁以上）有160多万人，据不完全统计，目前在穗非户籍老年人口约为10万人以上，而且这一数字还会随外地人口的涌入、二胎政策的放开等因素的影响而持续增加，异地养老已成为这些老年人的养老常态。政府在制定养老政策时，不能忽略的重要问题是，不仅要面向本地老人，还要面向外埠老人甚至外籍老人进行相应的制度安排。而广州市现行的养老服务政策，基本都是面向本市户籍的老年人，是否具有本市户籍几乎成了能否进入相关服务程序、能否获得相应服务种类的唯一标准。其实，在老年人的养老服务问题上，经济较为发达的地区和城市，不妨尝试以年龄和常住状态作为享受相关服务的核心准入标准，让更多外埠老年人在穗安度晚年。

广州市一直以来也在探索对非户籍老年人逐步开放市民养老服务优待，根据2018年《广州市深入组织实施老年人照顾服务项目工作方案》规定，广州市积极开展落实老年人投靠子女入户政策，稳步推进基本公共服务向常住非户籍老年人覆盖。目前，非户籍老年人能够享受的养老服务主要包括以下8个方面。

一是公办养老机构的轮候资格。《广州市公办养老机构入住评估轮候管理办法》规定，对本市做出重大贡献并在本市居住的失能老年人申请轮候入住公办养老机构可不受户籍限制。所谓"重大贡献"的老人是指获得国家、省、市劳动模范，"五一"劳动奖章获得者，广州市见义勇为好市民、荣誉市民等荣誉获得者，以及经区政府证明的相同类别的其他荣誉获得者。该《办法》还规定，在公办养老机构满足本市老年人入住需求后有空位时，由市民政局统一安排可接受非户籍常住老年人的入住申请。

二是"平安通"的安装申请资格。根据广州市民政局、财政局《关于进一步提升"平安通"服务的通知》，不仅降低了原80周岁及以上老年人的申请年龄要求，改为60周岁及以上的失能、独居老年人就可以申请，最为重要的是，取消了"平安通"申请资格上的户籍要求，非户籍但持有广州市有效居住证的外地老年人符合上述条件，也可申请。

三是居家养老服务的申请资格。根据《广州市社区居家养老服务管理办法》规定，在广州市行政区域内居住的60周岁及以上老年人可自费申请社区居家养老服务。其中，政府资助的服务项目需要第三方评估。

四是公园和风景区的门票优惠资格。广州市大部分市属或区属公园，除免费入园的之外，不分户籍一律执行收费公园60～65周岁老年人半价门票优惠，65周岁以上老年人全票免费优惠。

五是法律援助上的申请资格。广州市于 2016 年 5 月成立了法律援助基金会,对于不符合政府规定的法律援助申请资格但实际生活确有困难的老年人群体给予援助。基金会成立以后开展了"法援有爱·夕阳更红"的公益法援项目,为符合条件的众多老年人提供了追索赡养费、抚养费和婚姻家庭中法律援助,其中就包括很多非户籍外埠老年人,起到了维护老年人权益和化解纠纷的功能。

六是基本公共卫生服务项目上的优待资格。广州市持续实施基本公共卫生服务项目,为辖区内 65 周岁及以上常住居民,包括非户籍常住老年人,免费建立电子健康档案,每年免费提供一次包括生活方式和健康状况评估、体格检查、辅助检查和健康指导等内容的公共卫生服务,非户籍常住老年人不用回老家就能享受健康体检等公共卫生服务。

七是老年文化活动的参与资格。广州市老龄办等涉老部门每年会定期或不定期开展各种老年文化活动,如"广府文化嘉年华""美在金秋"等老年人风采大赛、书画摄影展、敬老漫画大赛等,这些活动面向所有老年人群体开放,不设户籍限制。此外,根据《广州市体育惠民总体方案》,一些运动设施和健身场馆等对包括非户籍老年人在内的老年人群体免费或优惠开放。

八是老年学校的入学资格。截至 2016 年底,广州市共有老年大学 20 所、老年学校 70 所、老年教学点 213 个。目前,广州市老年(老干)大学、市老年人大学、海珠老年大学等大部分老年学校均不设学员的户籍限制,符合条件的老年人凭身份证件就可以参加老年学校学习。

尽管近年来广州市面向外埠老人不断开放其养老服务的供给,但是仍然存在一些外埠老人亟待享有却一直没能覆盖的领域和服务。笔者就这一问题在 2018 年农历九月初八,即中国人的传统节日——重阳节的前夕,与广州市天河区芳草园、金田花苑等小区的数名外埠老人进行了深入访谈。从访谈得到的信息看,外埠老人在广州养老有着其超乎本地老人的特殊需求,而且这些需求非常集中,对这些需求的满足欲望亦非常强烈。这些老年人多数随子女离开故土来到陌生的大都市,他们的子女在这个城市拼搏,他们来广州的原因基本上是为子女操持家务、照顾第三代。他们要面对的问题比较突出和集中,不正视和解决好这些问题,不仅影响广州市外地家庭的和谐与稳定,也关涉广州作为开放性国际化大都市、老年友好城市的形象和定位。笔者通过走访发现,外埠老年人目前在养老服务方面的需求主要集中在异地就医、养老服务的市民待遇和情感慰藉等方面。

（一）异地就医问题

严格意义上来说，异地老人在广州的就医属于医保问题，是社会保障领域，并不是严格意义上的养老服务问题。但在笔者看来，异地就医的方便程度与医保结算便捷程度等同样也体现了一个城市的养老服务水平。外埠老人在广州的长期就医和异地转诊就医等服务的可及度，可以看作是医保部门为方便老年人而提供的一种服务种类，属于广义上的养老服务。很多退休后随子女来到广州的老人表示，来到这大城市不敢生病，也生不起病，一旦染病或者住院，将给家庭带来沉重的负担。老人异地就医的不便，尤其是费用负担问题，一直是社会持续关注的热点。早在 2012 年底，十一届全国人大常委会第三十次会议分组审议《老年人权益保障法》修订草案时，全国人大法律委员会、内务司法委员会和常委会法工委曾联合召开座谈会，就医保的异地报销问题进行了专项讨论。对广东省来说，早已于 2009 年就开始建立异地就医协作机制；2012 年全省通过实现医疗保险市级统筹和城乡统筹，解决了市域内异地就医问题；2015 年建立全省异地就医结算平台，实现省内异地就医的直接结算；2017 年全省各统筹区经省平台与国家平台对接，积极推进医保全国联网和跨省异地就医直接结算。

医保的异地互认和即时结算，是社会保险制度改革的重要内容，是解决迁徙和流动人口医疗保障的关键。目前，包括广东省在内的全国所有省级平台均已实现与国家异地就医结算系统的对接，参保人只要完成了异地就医备案手续，并选择人社部公布的跨省异地就医定点医疗机构就医，相关备案信息就会同步上传到国家异地就医结算系统，就可以实现跨省异地就医住院费用直接结算。这一医保领域的重大进展解决了过去老年人异地就医的困难，尤其施惠于退休后异地居住的老年人，缓解了长期以来存在的医疗费用个人垫付的负担和回参保地报销的不便。

目前的困难体现在，除人社部公布的定点医疗机构外，很多的兼具医疗和养老为一体的医养结合型机构、乡镇和社区一级的医疗机构、非公立医疗机构等尚未能实现全面覆盖，造成很多患老年慢性疾病、需要长期治疗、经常性门诊的老年人无法就近实现异地就医结算；同时，由于医疗费用的报销要按照就医人参保地的政策，导致了就医地与参保地因目录和标准的不同形成了结算比例的差异；此外，异地就医对就诊地医疗资源的挤占和冲击也需要及时健全分级诊疗制度予以应对；新型农村合作医疗与城镇居民医保的并轨刚刚实现，统一的居民医保制度的运行仍然存在着较大的障碍；再转诊的确认、指定医院的检查诊治排期超备案期间等，都是现实中异地就医存在的具体问题。

异地就医中的很多困难一方面来自国家顶层设计层面，尤其是以户籍为标准的公共服务准入体系，使得很多地方排除了外埠老人对当地资源的利用；另一方面也需要广州市加强与其他地市的政策协调和衔接，调整自身政策的兼容度，为国家政策的落地创造条件，同时借助广州市经济社会发展优势，加快软硬件的建设和升级改造、实现医疗资源的扩容等，逐步消除来粤老年人在粤就医的障碍，提升他们的就医环境和养老质量。需要关注的是，广州市是国家人力资源与社会保障部在2016年《关于开展长期护理保险制度试点的指导意见》中确定的15个长期护理保险制度试点城市之一，而未来长期护理保险制度的构建也必然要面对异地护理费用的结算问题，医保的互认应被视为解决长期护理保险的异地接续、互认和报销的先声。

（二）养老服务的市民待遇

根据《广州市老年人优待办法》的规定，早在2001年，广州市户籍的本地老人就已经可以享受公共交通优惠。然而，外埠老人对于享受同等公交优惠的呼声却一直没有得到回应。虽然在2005年审议《广东省老年人权益保障条例》时，曾在一审条例中设置了关于不论户籍，70周岁以上老年人均同等享受乘车优惠的条文，但在最后通过的条例中还是将这一条文删除，而将外埠老人的乘车优待事项推给各级政府按照本地实际情况制定细则来决定。很多外埠老人对这一出行乘车上的优待期盼落空。外埠老人对这一政策始终不能出台感到无法理解，甚至愤然。2014年9月，在广州居住20多年、已满65周岁的福建籍老人游木春，因不满乘公交车未享受免费待遇而将广州市第二巴士公司告上了法庭，要求与广州市民一样享受广州市的地方政府交通优惠政策。此案具有象征意义，标志着外埠老人在广州享受市民优待要求的迫切。也有老人提出，对经济如此发达的广州，却存在同车不同价、同车不同权的现象无法理解，许多外埠老人表示，乘车优惠不是政府负担不起的问题，而是不愿意负担的问题。2010年在广州市民政局对广州市交委的一份答复函中，民政局相关人员解释了广州市一直没有突破外地与本地老人同等享受公交优惠政策的原因，"一是因存在多种情况，外来务工人员参加养老保险达139万人，还会逐年增加，如果实行公交同等优惠将引起连锁反应；二是常驻广州的异地老年人流动性大、办卡后易流失和被冒用，导致公共资源浪费；三是本地老年人优惠乘车卡已整合进社保卡，重新开发系统会增加财政负担"。广州市民政局认为，解决常住广州市异地老年人乘车优惠问题，波及范围广、影响面大，涉及政策突破，所以，目前异地老年人的乘车优惠难以实行。

尽管如此，2018年新修订的《中华人民共和国老年人权益保障法》第53条已经对该类问题进行了明确规定，"对常住在本行政区域内的外埠老年人给予同等优待"。《老年人权益保障法》作为上位法，做出了关于外埠老人优待的硬性规定，广州市在未来应该根据这一规定，将本地老年人享有的优惠政策逐步对外埠老年人放开，这对于所有客居广州的外地老年人来说无疑将是一件惠民大事。与此同时，广州市老龄办相关人员也表示，现在正在根据法律规定，对常住广州市的外埠老年人同等优待问题进行全方位调研，以推动《广州市老年人优待办法》的修订，届时将结合广州市的实际情况，将外埠老年人反映强烈的公共交通优待等问题纳入考虑的范围。

公交优惠不能面向所有符合年龄的老年人开放，而仅以户籍作为衡量的指标，仅是养老服务资源覆盖和享受上的不平等问题的一个缩影，问题的核心是养老服务的市民待遇问题，外埠老人要求与广州市户籍老年人享有同等的养老服务待遇，10万外埠老人期盼能够越来越多地享受广州市的惠民政策。

（三）语言交流与情感慰藉

一直以来，广州人对自己的母语——粤语情有独钟，其作为一种文化的承载，对于地域文化的保存和传承起到了至关重要的作用。随着外来人口的逐年增多，外来语言对原始居民的母语发起了挑战，人们担心在推广使用普通话之后，粤语会逐渐消失。当然，固守粤语的使用和普及，强行使得外来人口"入乡随俗"也不现实和科学。广州的发展离不开外来人口，也离不开普通话的使用。笔者对"推广普通话"和"捍卫粤语"之争的孰是孰非不予置评，而仅就外埠老人在穗养老服务问题上，探讨养老服务中普通话使用的重要性。在国外，很多国家和地区的公共服务提供与使用也涉及同样问题。例如，瑞典政府建议为瑞典语不是母语的老年人制订一个专门的计划，为多文化的瑞典提供专门的投入，改善和发展老年人的照料和服务。广州市作为华南地区综合性大都市，容纳了千万人口，而外来人员已经占城市人口近一半之多。随着外来人群的增多，外埠老人所占的比例也必将越来越大，如何对这一部分人给予关照，成为广州市打造养老服务体系时必须要考虑的问题。老人的晚年生活，除了基本的生活保障之外，还有更为重要的精神方面的需求需要满足，情感慰藉本就是养老服务体系中的重要内容。外埠老人在老年时期来到充满异域口音的陌生城市，语言交流是一个巨大的障碍，要求这些老人重新学习粤语不具有现实性，因此只能让养老服务为这部分人群敞开大门。各级公办和民办养老机构、社区养老服务中心，包括医疗部门等涉老行业和单位，都应该在使用粤语提供服务的同时，使用普通话提供服务，或者配备专门人才为外埠老人提供语言上的帮助。当老人的需求能够顺畅表达，养老服务提供机构及其人员能够及时对其需求做出反应，老人才能够得到无微不至的关怀，其情感才能得以慰藉。否则，在一个无法交流的环境里，人的孤独和无助感自然生发，这构成了外埠老人城市融入的巨大鸿沟。因此，对于参与老年人照料的人员和养老服务体系的工作人员，推广普通话服务，是广州市养老服务体系建设中面临的特殊问题，也是不能忽略的重要问题。此外，对于老年人的文化生活需求，亦应不断打破户籍的限制，让老年人可以自由享有公共文化娱乐服务，多方面展现老年人的风采，丰富其精神生活。

未来广州市应致力于进一步扩宽养老服务覆盖范围，实现基本养老服务领域户籍与非户籍老年人的共享，让更多外埠老年人在穗老有所养、老有所依、老有所为、老有所乐。

二、广州特色长期照护体系的建设

老年人长期照料服务是当老年人的日常生活自理能力发生障碍而难以维持其自身正常生活产生依赖性需求时，家庭成员及外界所提供的支持行为。无论是以福利水平较高著称的美国、日本、瑞典、新加坡等国家，还是与广东地区毗邻的香港、澳门等地区，在养老服务中都有专门针对失能失智老人的照料服务。据有关部门推算，广州市目前有失能失智老人25~40万人，随着平均寿命的不断延长，高龄老人在总体老年人口构成中所占的比例逐年升高，且增长速度更快。虽然人口老龄化并不直接导致照顾需求的增加，但不容置疑的是，随着年龄的增长，老年人口的身体状况必然出现逐步衰退的趋向，各种老年人慢性病的患病比例会上升，由于机能退化、器官衰退而引起的功能退步亦属正常。因此，如何给予这部分老人以优质的照料，保障他们的生活质量和生命质量，是养老服务体系建设中的一个重要问题。广州市是人力资源与社会保障部确定的国家首批长期护理保险制度试点城市之一，一直重视失能失智老人长期照护体系的建设，形成了在全国范围内颇具特色的尝试和探索。但是，从总体发展阶段看，这些探索尽管在国内已属超前和领先，仍然与长期照护服务发达国家和地区存在一定差距。面对新时代的总体发展背景和大湾区建设的新的历史机遇，广州市未来仍应发挥地区特色和优势，致力于构建具有岭南特色、开放包容、国内先进的老年人照料体系。

（一）具有广州特色的长期照护服务探索

1. 稳步推进的长期护理保险制度

长期照料服务的关键问题在于资金的筹集，资金的重要保障来源于规范、科学的保险制度选择和安排。长期护理保险制度，在经济尚未十分发达的背景下展开，需要平衡保险制度对宏观经济的影响，包括对劳动力供给、居民储蓄和退休制改革的影响等命题，既要兼顾公平与效率，又要平衡经济与社会发展，还要考虑现有的国情基础，因此，其顶层设计十分关键，制度的安排具有方向性意义。广州市作为全国经济条件比较好的一线省会城市，在老年人长期照料保险制度上的探索具有一定的先发优势，广州市的制度创新可以为全国其他地区和城市的长期照料保险制度的制定提供一定的参考。

在广州市政府办公厅2018年印发的《关于深入组织实施老年人照顾服务项目工作方案的通知》中，广州市明确探索建立既符合国家顶层设计又具有广州特色的长期护理保险制度，建立通过多渠道筹资，为生理、精神和认知障碍导致的长期失能或半失能老人的基本生活和专业护理提供保障的社会保险制度。目前，广州市已经制定了工作方案，开展了长期护理保险制度的调研、数据搜集、汇总和测算工作，探索建立为包括失能老年人在内的长期失能人员的基本生活照料和与基本生活密切相关的医疗护理提供服务保障的长期护理保险制度，构建服务供给、功能保障、政策支撑、需求评估和行业监管"五位一体"的长期护理保险服务和管理体系。在试点阶段，长期护理保险覆盖范围为广州市职工社会医疗保险参保人员，之后再根据试点运行情况，稳步扩大覆盖范围。

同时，广州市在逐步探索开展高龄重度失能老年人照护的商业保险模式，力图采用风险共担的商业保险模式，由政府向商业保险机构购买服务，提高高龄重度失能老年人的长期护理保障水平，构建多支撑、多层次、多主体的长期护理保障体系。

2. 多方打造的"喘息服务"

在广州这样经济较为发达、养老服务框架已经搭建起来的城市，长期照料服务体系的建立应该提到日程上来，以防范老年人尤其是高龄老年人的失能风险。早在2014年，广州市就提出了为失能老人及其家庭提供"喘息服务"的理念和目标。广州市依靠现有的居家养老服务资源，为失能半失能长者提供临时托管服务,为其家人提供专业照料指导,为老人及其家人提供心理和实质性支持。广州市民政局相关人士表示,"喘息服务"所能提供的具体支持是"当你家里老人生病时,有人给你专业医疗建议,有人教你专业护理知识,在你实在累得不行时,有临托、日托暂时替你照顾老人,或者有义工来帮你暂时看护。如果病情严重,你认为无法面对时,我们的社工还会给你心理上的支持"。这种医疗与养老结合、社区与居家结合、家庭照顾与专业照顾结合、物质帮助与心理抚慰结合的照护制度,必将为老年人尤其是失能失智老年人提供更为高质量的服务。

2016 年,广州市成功举办了首届社会组织为老服务专项公益创投活动,由福利彩票公益金资助 1 000 万元支持了 68 个为老服务公益项目,项目类别就包括为失能老人及其家庭提供的"喘息服务"。"喘息服务"是依靠现有社区居家养老服务设施和人员,为居家失能老人及其家庭提供的社会支持服务。将失能老人的长期照护责任交由社会来进行分担,是社会化养老的总体趋势,将公共服务延伸到特定人群的具体服务上,也是公共服务提供水平不断提高、公共服务供给能力不断成熟的标志。

3. 统一标准的需求评估和智能化数据支持

目前在全国范围内,广州市是较早采用地方统一标准评估养老服务需求的城市之一。广州市为实现对老年人服务需求的精准掌握,建立科学的需求评估体系,统一使用了广州市地方标准《老年人照顾需求等级评定规范》(DB4401/T 1-2018)开展全市老人的照顾需求评估,将评估结果作为老年人享受广州市养老服务补贴及服务优待等政策的前提和依据。在《老年人照顾需求等级评定规范》中,对老年人需求评估机构和评估人员做了相应规定,只有具备一定资质的机构和评估小组才能开展评估工作,保障了评估的专业性和客观性。

此外,广州市一直重视提高信息化养老服务水平。广州市居家养老综合信息服务平台的建设就是其中典型的代表。在该平台中整合了老年人、机构、设施、人员等涉老信息,为服务对象链接政府、养老机构、社区组织、义工和志愿者等资源,打造"没有围墙的养老院"。该平台按照标准建立服务供应商库,将区、街镇招标选定的服务机构统一纳入管理。对于服务对象来说,也可以借助平台,申请服务、挑选机构、签订协议,或者按需选择助餐配餐、家政清洁、康复护理、代办事务等服务,用社保卡刷卡付费。服务机构派员上门服务,通过社保卡读卡器和手机 App 记录服务次数,按次和项目从卡中扣费。该平台充分运用"互联网+"技术,将大数据与实体资源有机整合，促使供需快速对接，提高了服务的易及性。①此外，广州市居家养老综合信息服务平台加入了"照顾需求等级评估功能模块"，启动统一的居家养老综合信息服务平台开展评估工作，为评估程序和评估机构的公开透明提供了基本保障，同时还在研发老年人照顾需求等级评估的数据统计及分析功能，通过建立评估数据库，实现对全市老年人照顾需求和身体情况尤其是失能失智情况的实时掌握，实现老年人基本信息和服务需求等信息资源的共享，为长期照护体系的建设提供信息化支持。

失能失智老人的长期照料服务体系的建设，不是一个短时间内能够完成和完善的工程。但从近年来广州市政策的频繁出台到政府工作重点的倾斜，可以看到广州市的长期照料服务已经被提到了日程上来，而且在很多方面在国内具有相当的领先性和创新性。但是，受经济发展水平的限制，广州市长期照料服务体系仍然存在着目标和原则不清、法律保障缺位、筹资模式不明、商业保险滞后、需求评估落后等问题，放眼世界有很多国家和地区在老年人的长期照护服务方面理念超前、经验丰富、做法成熟，值得我们学习借鉴。

（二）提供优质服务的国家和地区的建设经验

1. 美国的长期照料服务体系

（1）长期照料服务机构与服务内容

美国养老服务中的长期照料服务体系被作为养老服务的专长而吸引了世界其他国家学习和研究。其长期照料服务按提供场所来划分，可以分为3类：第1类是机构服务，即由长期照料服务专门机构提供服务，包括护理院、部分生活辅助设施、附设在医院里的护理或康复设施、临终关怀机构等。第2类是社区服务，即在社区的小型服务机构，主要包括日间照料中心和老年人的家庭。第3类是居家服务，即在老年人家庭提供服务。按服务内容看，为了适应老年人的多样化需求，美国长期护理提供的照料涵盖：个人照料，即个人日常生活照料；健康照料，即主要侧重非治疗性的健康服务；社会心理服务，即提供咨询、精神慰藉等；居住服务，即提供住房；看护服务，即24小时生活监护服务；临终关怀，即为临终者提供终前照料。

---

① 广州市民政局. 广州市民政局关于政协十三届广州市委员会第二次会议第5020号提案答复的函［EB/OL］.（2018-08-03）［2020-02-05］. http://www.gzmz.gov.cn/gzsmzj/jyta/201808/a04b963da0274ca18a4308877bc95d16.shtml.

（2）长期照料服务费用负担

在美国，长期照料服务的费用来源虽然有医疗保险计划、医疗救助计划、商业长期照料保险、私人支付和反向贷款等，但"只有少数人可以获得享受公共资源的资格，通常以需求为基础，且条件非常严苛"[①]。由此，美国早在20世纪70年代，就推出了以保险为基础的长期照料筹资模式，即按照商业保险机制建立一种筹集长期照料服务费用的制度安排，其商业照护保险的发达程度走在世界前列，实现了市场化的长期照护。作为保险卖方的可以是营利或非营利性质的保险公司，买方可以是个人、公司、社会团体或者政府，"资金主要来源于被保险人缴纳的保险费，保险费金额由投保人参保时的年龄和健康状况决定"[②]。形成了政府主导服务项目，以商业保险和个人付费为主要资金来源的筹资模式，并通过"全国认证照料机构人员照料和权利的最低标准"和"国家长期护理专员资源中心"（National Long-Term Care Ombudsman Resource Center，NORC）发挥作用严格进行质量控制。另外一种主要的费用筹集方式是反向贷款，类似上文提到的"以房养老"的模式，在美国它是一种比较成熟而且颇受欢迎的养老方式。通过反向的住房贷款，使房屋这种固定资产变现，用于支付长期照料服务费用，老年人不仅可以得到持续的长期照料服务费用的支持，还可以让老年人继续住在自己家里。这种方式既能解决住的问题，也能解决费用的问题，受到美国老年人的欢迎。

美国的商业长期护理保险强调个人自主选择，能对需求者的消费变化快速做出反应，且对于采用先进技术和管理理念更为敏感和积极，容易使老年人获得更高质量的护理服务和养老体验，但缺陷是其高昂的费用也让一般老人很难承受。

（3）对家庭照料者的社会支持

随着老龄问题越来越突出，美国政府的观念经历了变化，他们现在趋向认为家庭照料者在照料老年人时，不仅仅是在承担其私人家庭事务，也是在为社会创造经济和社会价值，如果不对这一部分人给予后援，而任由他们个人经受经济压力、体能衰退、心理压力甚至失业等后果，是社会不公正的表现。2000年，美国国会通过《美国老年法》修正案——全国家庭照料者支持项目（NFCPS），开始为家庭照料者和非亲属照料者提供多方面的支持服务，这些服务包括：信息服务、支持性服务、个人咨询、支持小组、护理培

[①] 尹尚菁. 发达国家长期照护服务体系比较[J]. 中国医药导报，2011（29）：156.

[②] 侯立平. 发达国家（地区）的老龄人口长期护理体系及其启示[J]. 城市问题，2012（1）：91.

训、喘息服务、心理援助等。至此美国的家庭照料者支持体系得到了立法的确认，同时也吸引了诸多非政府力量参与，已经形成了网格化和全面性的服务格局。①

2. 日本的养老护理供给体系

（1）养老护理供给体系的构成

日本是世界上老龄化率最高、老龄化程度最深、老龄化速度最快的国家。截至2017年9月，日本65岁及以上老年人已达3514万，占总人口比例为27.7%，高居全球第一。日本面临的问题除了老龄化程度畸高外，还出现了越来越严重的少子化现象，使得日本成为少子老龄化的典型国家。日本的老年人口面临着晚年生活的困境，这一困境必须通过政府通过创新方式得以解决。日本在长期护理保险制度的建设上有很多成熟的经验，集中体现在其制度的设计目标和费用负担上的创新。为了缓解老年人晚年照护和费用负担问题，2000年日本政府颁布了"社会保障结构改革"的政策措施，其中首先提到的就是建立长期护理保险制度。同年4月，长期护理保险制度（《介护保险法》）正式实施，同养老保险、医疗保险等共同构成了日本的社会保险体系。日本的长期照料是综合性社区照料体系，强调就地照料。其护理保险法明确规定，保险的目的在于对"由于年龄增长而引起的身心健康疾病，处于需要看护状态"的老人，在他们需要"洗澡、排泄、饮食等看护，身体机能训练及看护和疗养上的管理等医疗服务"时，"有必要为其提供享受保健医疗服务和福利时的费用"。②长期照料保险服务经营者包括本地政府、半公共福利组织和营利性私人公司。其中，居家养老照料可以有营利性主体参与，"但机构养老照料服务只能由长期照料保险方案内的非营利机构提供"，③旨在突出机构照料的公益性和保障性特征。

（2）长期护理服务费用负担

在长期护理保险费用的负担上，日本的护理保险制度有效实现了老人福利与老人医疗的综合利用，将过去实行的全额公费的老人福利和由医疗保险、公费负担的老人保健制度一体化，改变为由看护保险费加公费负担的看

---

① 袁小波. 美国家庭照料者社会支持体系及对我国的启示［J］. 黑河学刊，2010（9）：144-146.

② 民政部，全国老龄办养老服务体系建设领导小组办公室. 国外及港澳台地区养老服务情况汇编［G］. 北京：中国社会出版社，2010：142.

③ 吴成伟，李国红，陈洪涛. 国际老年护理服务经验对我国的启示［J］. 中国社会医学杂志，2018（1）：12.

护保险。具体来说，长期护理保险（LTCI）主要通过税款（45%）、个人缴费（45%）和共同支付（10%）获得资金支持。[①] 其中，税款中一半比例来自国税，另一半由市和县税收承担。社会缴款部分包括优先保险（21%）和第二保险人（29%）。[②] 这样的做法，一方面降低了居高不下的政府投入，减轻了政府经费的压力；另一方面，因为更多地参考了被保险者的选择意向，服务因全面和多样而变得更为高效。同时，护理保险制度的实施，明确了在评估基础上的自由选择机制，"日本的介护制度开放长期照护服务市场，允许民间营利企业的参与，将老年人长期护理引入市场化运作，扩大服务的提供量"[③]，养老护理业出现了非营利与营利组织共同参与的格局，供给不足得到了缓解，服务质量得到了提升。尤其到近些年，由于大量民营资本的涌入，护理行业出现了激烈的竞争，产业活力开始显现。政府通过政策措施的引导，实现了低成本高效益的改革目的。不仅如此，护理保险惠及了大量日本老年人，自推出后，还有效吸引了日本家庭中不能自理老年人，尤其是高龄者大量入住护理功能的疗养院，这也促成了日本养老院护理业的繁荣，成为世界各国纷纷效仿和学习的特色所在。

3. 瑞典的优质照料服务体系

瑞典是世界上预期寿命最长的国家之一，截至目前，65岁及以上老年人口占人口比重的18%以上，而且，这一比例在未来10年内还将继续攀升。瑞典是最为久负盛名的福利国家，原因不仅在于其社会保障水平之高，而且在于其保障的全民化和公平化。

（1）养老责任主体与费用负担

瑞典《社会服务法》明确规定为老年人提供照料服务是政府的责任。中央政府负责立法和制定政策，省级政府负责医疗和健康服务，市级政府则负责提供居家和养老服务，各级政府各司其职，又都在相应领域拥有较大的自治权。瑞典目前主要实行居家养老、老人公寓和养老院相结合的养老方式，而养老院养老主要针对基本失去生活能力的孤寡老人和患有痴呆等严重

---

① 自2008年日本实施"后期高龄者医疗制度"，实际上对于75岁以上老人的负担比例有所调整，即75岁以上老人个人负担10%，其余40%来源于75岁以下人口缴纳的医疗保险费，50%来自政府补贴。参见侯立平. 发达国家（地区）的老龄人口长期护理体系及其启示[J]. 城市问题，2012（1）：92.

② 日本长期护理保险制度包括两个类别的保险，其一为针对年满65周岁的老年人的优先保险，其二是针对40~65周岁的老年人的附加险。

③ 谢红，孟开. 日本介护保险制度对健全中国老年照顾体系的启示[J]. 中国社会医学杂志，2005（1）：7.

疾病的老年人。老人公寓是专门针对老年人特点设计的养老设施，它配备专业服务人员，提供饮食、健身和医疗保健服务，让即使居住于养老机构的老年人也得到如同生活在家里一样的感受。居家养老则充分体现瑞典倡导的"尽可能让老年人独立生活在自己的寓所"的原则，居家养老为政府填补了公共养老服务的空缺，而政府为在家庭中养老的人们提供着一系列的便捷服务，其中最为典型的是设立家政服务系统，通过竞标获得服务资格的家政公司为居家养老者提供全天候的服务，满足老年人多样化和个性化的需求。

在瑞典，总体来说大约 85% 的老年照料费用来源于地方税收，10% 来源于国家税收，个人支付比例仅占 5% 左右，这种负担比例在世界范围内都是高福利的典范。国家和集体发放的养老金和各种经济福利成为瑞典老年人主要的经济来源，普遍周全的养老服务多方面满足着老年人的照料需求。

（2）优质照料服务规划

瑞典政府致力于为老年人提供优质照料服务发展规划，这一行动的目的在于为那些患重病的老年人提供一个优质、高效且持续的照料体系。在几个重要方面为老龄化程度的加深而进行准备：一是鼓励老年专用住房的开发和专用生活设施的建造。瑞典政府鼓励发展更多的老年性住房，配备专门团队分析老年人的居住需求和生活设施，以方便老年人的居住和生活。二是为母语不是瑞典语的外籍人士提供专业化的语言帮助，使得他们同样能够在瑞典得到全方位的照护。三是研究配偶和亲属在照料老年人方面所起的重要作用。在这方面瑞典政府的创造性表现是，1989 年就将"家庭照顾保险"融入社会保险系统中，即照顾老人的家庭成员享有假期以及假期的专门补贴，不仅如此，如果"老年人的家人，每周提供的照顾多于 20 个小时，可以申请被政府雇用，从而作为一个领取政府薪金的照顾人员"[①]。这一举措为家庭照顾人员提供了更多的社会支持。四是注重老年人服务中的预防工作。鼓励采取各种措施预防老人的意外伤害，如防止摔跌伤、心血管疾病意外，以及配备充足的急救药物，拨出专款用于进行预防工作的家访等。[②] 总之，优质照料服务规划致力于应对深度老龄化的社会发展现实，为瑞典未来老年人照料需求的增加提前做好准备。

---

① 吴凡．从瑞典养老体系的改革发展看对中国的启示［J］．劳动保障世界，2017（6Z）：17.

② 民政部，全国老龄办养老服务体系建设领导小组办公室．国外及港澳台地区养老服务情况汇编［G］．北京：中国社会出版社，2010：32-33.

4. 新加坡的老年人照料体系

新加坡是福利待遇比较高的亚洲国家，也是人口老龄化增速较快的国家之一。根据新加坡国家人口及人才署公布的《2018年人口简报》，截至2018年6月，65岁以上长者已占到新加坡总人口的15.2%，相较于2008年的9.6%，上升速度很快。同时据推测，到2030年其65岁以上人口比重将达到22.2%，也就是每5位居民当中就有一位年长者，其中65～84岁年龄段的人口增幅更为明显，新加坡已步入深度老龄化时代，老年人对照料服务的需求将持续升高。

（1）顶层设计的总体思路

新加坡对养老事业的重视体现在其顶层设计中，调动各方面力量共同面对这一社会难题，要求各方主体各司其职，国家提供基本框架，创造各种条件，提供各种扶持政策，加强政府的社会责任。国家通过立法规范老年工作；鼓励家庭与老人同住，对多代就近居住的家庭，在住房配备上给予时间、位置和贷款上的优待措施；建设更多养老院、新增更多养老床位，以满足老年人的养老需求。除政府的上述责任外，新加坡同时强调其他各方职责，社区要协助和支持家庭负担老年人照顾工作，家庭要为老年人居家养老提供基础保障；老年人自己也负有规划自己晚年生活的责任等。

（2）全面可负担的医疗照料

新加坡的医疗财政基本形成了"以市场为基础，基于个人责任与政府支持的混合出资模式，将纵向自我积累和横向社会共济相整合，在控制成本、限制补贴和保障医疗服务质量之间维持平衡，通过3Ms[①]医疗保障框架，提供了'高质量低成本'的医疗服务"[②]。随着高龄老年人对医疗照料的大量需求，新加坡致力于打造全面、可负担的医疗照料服务。3Ms医疗保障安排，强调共同抵抗老年疾病风险，一定程度上增强了医疗服务的可及性，以及保障患者不因疾病的费用而返贫或破产，同时也避免医疗资源的浪费。

新加坡政府通过医疗部门与其他资源部门的整合，不断完善以家庭和社区为基础的、协同联动的医疗服务，使老年人可享受可持续的综合性照护服务。构建政府控股的医疗机构集团为急慢性老年人提供不同程度的护理服务，提供超2000人的私人全科医生就近为居家和社区的老人提供服务，促

---

① 新加坡医疗保障框架 MediSave+MediShield+MediFund 的简称，也就是由保健储蓄、健保双全计划、保健基金构成的医疗保障。

② 赵晓芳.新加坡的"积极老龄化"：理念与行动[J].社会福利（理论版），2019（3）：20.

进初级医疗和中长期照护之间的一体化建设等。总之，新加坡为实现低成本高产出的目标，大幅降低医疗照料成本，在整合老年人口服务需求的基础上，以家庭照料为基础，调整了老年人口疾病治疗投入与预防投入的比例，为老年人提供质优价廉的医疗照料服务。

（3）老年人设施的现代化

在新加坡，养老设施的投资主体是政府，其90%以上的建设资金来源于政府。为了方便长者的出行与生活，政府重视老龄设施的规划和对硬件建设的投入，新加坡的养老设施现代气息浓郁。这些设施包括出院康复护理、过渡性康复设施、家庭照护等，也包括无障碍的生活环境、公共交通出行、养老公共住房等。具体到功能分区、通风、采光、庭院的布局设计，以及感应床、塑胶地板、卫生间等配套设备的建造，都体现出老年友好型社会特点。新加坡政府认为，在一个老年人口占比越来越多的城市，没有便捷和人性化的城市设施，是无法应对未来的。值得借鉴的是，新加坡的无障碍环境营造，除物质层面的改造外，还包括了心理层面的关照，即"特别重视对无障碍建设的宣传，消除对年长者和身心障碍者的歧视，营造整个社会的包容与尊老风气"[①]。新加坡对于老年人养老设施的投入、人性化的设计思路，以及其无障碍建设的全方位理念，为其他国家树立了典范。

5. 香港地区的长期照顾社区服务模式

截至目前，香港长者人数已逾百万，约占整体人口的14%，而且这一比例将在未来几年进一步提高，预计到2025年，香港老年人口将占总人口的1/4左右。同时，根据香港统计处2014年的预计，随着香港人口预期寿命的延长，未来20年需要长期照顾的体弱老年人将会增长3倍左右，随之而来的必然是高龄老年人因活动能力缺损等原因所造成的对长期照顾需求的持续上升。

（1）长期照顾的服务理念与原则

香港长期照顾服务政策的制定贯彻"全人照顾"的服务理念，即为有需要的老年人提供全面的、有持续性的照顾。全面服务是指，针对老年人多样化的需求，开展丰富的服务，包括身心健康照料、经济支持、住房安置以及紧急援助等。因此，香港的居家安老社区服务能够提供整合了医疗、心理、住房、康复、社会保障、日常照料等资源的全方位的服务；持续性服务是指，当老年人的服务需求发生变化时，能够有机会让他们及时获得能配合他们当时需要的服务。香港的社区服务已经形成了由专业团队介入的工作模

---

① 赵晓芳. 新加坡的"积极老龄化"：理念与行动［J］. 社会福利（理论版），2019（3）：22.

式,即利用个案管理方式及时掌握和反馈老年人的变化需求,以便及时做出服务供给上的调整。香港地区老年长期护理政策依据3项原则,即促进"居家养老为主,机构养老为辅",促进有资助社区养老服务的连续,向有需要的老年人提供帮助。政府通过设立中心和安老院的社区服务实现"原居养老",通过社区照料服务团队的标准化服务提升老年人养老质量。

香港的长期照顾服务秉持"居家安老为基础、院舍照顾为后援"的原则,因此形成了主要包括两个层面的照料:一是社区支援服务。主要是协助长者尽量留在社区中安享晚年,同时为护老者提供支援。社区支援服务的种类包括长者邻舍中心、长者活动中心、长者地区中心、长者支援服务队、长者日间护理中心、综合家居照顾服务等。而各种类下设的服务又根据长者的不同需求而有所不同。但其主要服务依然围绕老年人的生活照顾和社交康乐等。二是院舍服务。院舍服务为那些由于生理、社会及其他因素未能在家养老的长者提供服务,并照顾他们不同程度的护理需要,类似于我们的机构养老。服务种类包括长者宿舍、安老院、护理安老院、护养院、长者住宿暂托服务、紧急住宿服务等。

（2）一站式评估体系和个案管理服务

对长期护理服务需求的合格性,需通过标准化照顾需求评估机制进行评估,"提供长期护理服务的劳动力需先通过培训和教育并进行注册,服务质量的监管主要通过自主和服务协议来完成,使得经营者遵守服务质量标准（Service quality standard,SQS）"①。目前港府已经设立了5个"安老服务统一评估管理办公室",统筹香港所有老年人的长期照料申请,并研究和采用了一套国际认可的统一评估工具,培训了符合资格的评估员,形成了长期照顾服务的一站式统一评估机制,在评估的基础上为老年人提供更为精准的配对服务。

值得提到的是,早在2000年,香港就在养老服务模式中融入了个案管理服务模式,这一模式使得长期照顾从大众化走向了个性化,使得更多老人能够得到更为贴心的服务。个案管理服务模式中,处于核心角色地位的是个案经理。每一个接受服务的老年人都有一个相应的个案经理,他负责对老年人的身心状况和服务需求做总体评估,并据此制定个人照顾计划,根据计划开展服务,以及评估服务成效和危机管理等。个案管理服务模式迎合了老人的个性化养老需求,是养老服务走向精细化的标志。

---

① The Government of Hong Kong SAR. The 2014 Policy Address [EB/OL]. (2014-06-15) [2020-02-05]. http://www.policyaddress.gov.hk/2014/eng/pdf/PA2014.pdf.

（3）长期护理服务的资金来源

在香港地区，公共资金是长期护理筹资的主要来源，占到护理金的80%。安老院床位建设主要靠政府投资，70%私人安老院入住人员受到综合社会保障救助支付照料费。长期护理保障费用一般采取共同支付，"社区照料服务代金券实验项目允许老年人通过使用代金券获得满足自身需求的社区照料服务，政府通过家庭经济情况调查以评估代金券持有人的家庭收入并确定共同支付水平"①。

香港地区长期护理服务的特色是，由于制度的健全和评估轮候体系的公平性，使得香港老人机构养老率高，长期护理的公共资金投入高，公共安老院的认同度和服务质量优于私人安老院。

（三）启示与借鉴

1. 注重长期照料的基础研究

在发达国家，老年人政策的制定更加注重基础研究，并通过基础研究的结论为政策的制定和调整提供依据。同样是老龄化程度比较高的发展阶段，瑞典政府在制定相关政策时对老年人照料领域的基础研究工作的重视就让人印象深刻。瑞典政府在家庭照料、生活设施建设、失能老人的照料、专业资格认定方面都采取了审慎渐进的态度，着重调查和长期的基础研究。我们在制定相关政策时，常常以实践的推进代替制度的建设，然而，在养老问题上，从来都不应该忽视制度的顶层设计，而这一设计并非空中楼阁，它必然要来源于基础研究的补给。因此，在长期照护体系的构建上，政府应该以更多的耐心和时间关注和支持基础性的研究，改变现有研究存在着的碎片问题多、系统研究少；集中研究多、全面研究少；微观分析多、宏观把握少等现象，纠正实践调研中的形式主义、对问题的挖掘停留在较浅层面等弊端。广州市未来在长期照护体系的构建上，应该在老年人需求的评估、老年人健康的动态管理、长期护理保险制度与现有社会保险的关系、长期照护的社会保险与商业保险的功能互补与衔接等方面谨慎论证、充分调研，在逐步试点的基础上稳步推进。此外，培育专门的基础研究学会、民间团体，或者借助现有研究机构、高等学校等资源优势，对长期照护服务进行专业的基础研究也势在必行。

---

① 吴成伟，李国红，陈洪涛. 国际老年护理服务经验对我国的启示［J］. 中国社会医学杂志，2018（1）：13.

2. 聚合老年人照料服务的协同力量

在福利制度较为发达的国家和地区，很多政府把养老问题作为一项系统工程，调动各方面的力量来解决。在制定总体政策时，将个人、家庭、社区和国家都纳入养老体系构建之中，要求每一种力量都要尽到自己的义务和责任。而国家的任务在于提供基本框架，创造条件，在个人、家庭和社区的义务层面，制定多样的扶持政策，帮助个人、家庭和社区各尽其职责。如新加坡和美国，都注重将社会的参与、民间资本的利用和政府的功能结合在一起，以全社会的协同力量处理和解决好养老问题。这种三方协力机制，能够相互扬长避短，形成良好的体制机制，使各部分的合力得到最大限度的发挥。

老年人的照料服务更是如此，应由社会各方面力量共同承担，政府在个人、家庭和社区履行责任时给予多方面的扶持。在现阶段，多种传统养老模式受到时代的冲击，无论是家庭养老还是社会养老，都各有其优势和劣势，而各种新型养老模式的出现，也因其缺乏现实基础和政策支持而在短期内难以成为养老模式的"官方"选择，目前来说只能作为传统养老模式的一种补充。对广州市而言，建立一个由政府、社区、养老机构、家庭和个人有机结合的综合性长期照护体系，强调各尽其责，将各种力量优势进行组合，才能真正承担起养老之责。机构养老固然是社会化养老的重要支撑，但根据中国人的传统观念，无论社会化养老如何发达，都不可能排除居家养老的重要功能，由家人照顾老年生活，仍然会是多数老年人的选择。然而今天的居家养老不再是原来意义上的家庭养老，不是将养老之责完全交由家庭承担，而是由社会与家庭共同负担。为了发挥家庭在养老中的地位和功能，广州市应该对家庭照料者给予更多的社会支持，除现有的"喘息服务"和个税专项扣除①外，可以尝试借鉴美国的家庭照顾者支持计划和瑞典的家庭照顾保险等，为家庭照顾者提供诸如休息休假、旷工补贴、心理援助、保险保障等后援服务。

在资金筹措方面，随着广州市老龄化程度的加深，在政府的资金供给上，也必须加大对长期护理服务的投入，加大举办养老事业的财政支出比

---

① 2019年1月1日《个人所得税专项附加扣除暂行办法》实施，该办法规定纳税人赡养年满60岁父母的支出，或祖父母、外祖父母的子女已经去世，纳税人赡养年满60岁的祖父母或外祖父母的支出，可以按照标准定额扣除。如果纳税人是独生子女，按每月2000元扣除；如果纳税人为非独生子女，与其兄弟姐妹分摊每月2000元的扣除额度，其中每人分摊的扣除额度不得超过1000元。该规定减轻了纳税人的缴税负担，实际上反向增加了其经济收入，是对家庭养老中的照顾人给予物质支持的重要举措。

例，同时不断开拓养老资金的筹措渠道，尤其是社会资本进入养老服务领域的现实渠道和政策支持，要不断拓展和落实，助推各种诸如"老年人住房反向抵押养老保险"等新型保险模式，引导保险资金投资养老服务业，缓解资金压力。实践证明，推进社会福利社会化是发展老年人照料体系的必由之路，而慈善事业是社会福利社会化的最佳实现形式和重要载体，安老助老是慈善工作的主要内容和任务。各级慈善机构应广开慈善捐赠渠道以弥补财政支持的不足。如此，政府主导下的、各方力量共同参与的、各尽其职的长期护理服务体系，才能更好地适应广州市老龄社会的发展阶段，才能更好地为广州市的老年人服务。

3. 建设老年友好型城市

随着广州市老龄化程度的加深，为城市的老年人提供安全便捷的基础设施必须纳入广州市城市建设规划。除增加现有安全居住设施和生活设施的兴建，一些不符合老年人身体条件的设施也需要逐步改造，使城市功能越来越适应老龄化社会的要求。广州市早在2004年就发布了《广州市无障碍设施建设管理规定》，要求为保障老年人群体安全通行和使用便利，新建城市工程必须将方便老年人使用纳入考虑范围，在广州市行政区域内新建、扩建、改建的城市道路、公共建筑、居住建筑、居住区等建设项目，在项目配套中必须建设相关无障碍设施。而现有的一些不方便老年人通行和使用的设施，也要根据老年人的具体需要进行改造。

例如，在广州市地铁、BRT等城市快速公共交通系统的建设过程中，需要在规划中进行充分论证，将方便老年人利用作为设计考量的标准之一，在进出站电梯、坡道、专用通道、专用车厢等方面的设计和规划上体现老龄需求。在老龄化社会背景中，我们在为城市提速的同时，也需要迎合老年人的需求，在某些方面慢下来，致力于建设一座环境优美和设施便利的老年友好型现代化城市。

此外，安全、便捷的设计理念也要贯彻到家庭和社区的公共设施中。一方面，在老年社区中，生活设施、道路、建筑、设备工具的使用等，要将老年人的需求纳入考虑；另一方面，政府应对老年家庭中的设施建设和改造给予更多的支持，在诸如理念宣传、知识普及和新设施的推介中发挥作用，通过设施安装和改造减少老年人在家庭和社区中的意外伤害。

健康生活理念的宣传和健康生活知识的普及，是老年服务中预防性工作的重点。政府可以利用民间力量加强健康生活理念的宣传，通过健康生活知识、保健知识、护理常识、慢性病的管理、急性病的救护等的推广，提升老年人的健康生活意识，增加老年照顾人员的护理常识，提高老年人的晚年生活质量；同时，老年友好型的城市形象，也需要通过宣传和教育，塑造全社会尊老、敬老、爱老、扶老的文化氛围和伦理共识，这既是对中华传统文化的继承和弘扬，也会通过精神体认而转化成自觉行动力，最终受惠于公民社会自身。

4. 发展长期护理保险制度

长期护理保险制度是老年人长期照料体系建设中的核心问题。因为长期照料的重点在于对老年人的养和护，无论是生活抚养还是医疗护理，或者是二者的结合，其核心都在于资金的筹措。长期护理保险制度是针对这一核心问题而提出的解决方案。

一是要明确长期护理保险的地位。我国的基本养老保险，被称为"五险"，即养老保险、医疗保险、工伤保险、生育保险和失业保险。与我国对于基本社会保险的认知不同，在国外，长期护理保险取代了生育保险被定位为社会保险基本五险之一。[①] 我国亦有学者持同样的态度，认为"生育保险并非独立险，实则为健康保险（医保）之分娩给付，属于社会医疗保险'事故'中的一类"[②]。调整社会保险的险种，在社会保险中确立长期护理保险的地位，可以成为未来社保制度改革的方向之一。纳入社会保险，意味着长期护理可以参照现有医疗保险实行强制性参保，这在老龄化程度越来越深的中国，尤其具有现实意义。目前，广州市已经开展了长期护理保险制度的试点工作，并逐步放开和引导商业保险进入这一领域，为未来探索长期护理保险的制度创建和实践路径提供参考。

二是要确立长期护理保险制度的基本原则。长期护理保险制度构建的基本原则应定位为：责任共担、社会共济、政府主导、规范监管、以人为本、统筹安排。也就是，一方面，要明确长期照料保险制度构建的指导原则和主体责任，确保政府的主导地位和全员协同模式。这一基本原则的确立具有主导全局的作用，为长期照护体系的构建提供基本的目标指向；另一方面，要明确长期护理保险的地位和宗旨，即长期护理保险旨在分担和分散公民社会中个人面对的无法通过其自身化解的"社会性风险"，[③] 通过基本权利的保障实现其体面生存，因此长期护理保险制度要体现公民生存权和发展权

---

① 德国就是采用上述五险作为基本养老保险的典型国家之一，其长期护理保险制度创建于1994年，并于近年正式编入《社会法典》，确定成为基本养老保险五险之一。
② 郑尚元. 长期照护保险立法探析 [J]. 法学评论，2018（1）：136.
③ 社会性风险，主要是指工业化社会中个人面对的可能导致贫困契机的社会性事故和风险。参见 [日] 菊池馨实. 社会保障法制的将来构想 [M]. 韩君玲，译. 北京：商务印书馆，2018：16.

的保障，贯彻"以人为本"的制度理念。

三是要突出长期护理保险制度的基本特征。即明确长期护理保险制度要凸显统一性、福利性、普惠性和兜底性等特征。所谓统一性，是指长期照料保险制度的构建思路，从一开始就应该致力于冲破城乡二元结构，适应老龄化、市场化和城市化进程，建立统一的制度框架，减少或者避免因地域和人群的不同标准而在后期产生的并轨和整合上的困难。而福利性特征主要是指，长期照料保险制度作为社会福利制度的重要构成，既需要政府公共财政的补贴，也需要政府对资金的收益与安全负责。在保险费用负担的各方主体责任中，公共财政的注入是其社会福利性的重要表现。普惠性特征是针对长期护理保险制度的覆盖面而言的。就基本的养老保险来说，广覆盖是其重要的特征，随着老龄化程度的不断加深，正如养老是居民的必然需求一样，长期照护也必然成为养老中的一项基本需求。因此，长期照护保险制度的构建目标应该与基本养老保险追求的目标一致，即逐步拓展覆盖面，尽可能惠及全体老年人。兜底性特征是指，在经济发展尚不充分发达的条件下，长期护理保险制度宜低水平稳起步，盲目提高保障的标准是不切实际的。前文所提的普惠和福利性特征，也决定了长期护理制度必然是一项基本护理服务，满足多数人基本的长期护理要求，而在此基础上的更高规格的需求满足，则不是长期护理保险制度在现阶段能够提供的。兜底性特征意味着长期护理保险要在广覆盖的前提下，优先和倾斜覆盖低收入群体、困难群体和弱势群体，使得他们能够获得基本的护理保障。当然，随着经济社会不断发展，逐步提高保障水平是一个总体的趋势。

四是要加强对长期护理保险工作的监督管理。长期护理定点服务机构实际上是长期护理服务的实际提供人，其资质能力和服务水平在很大程度上决定了长期护理保险的"制度绩效"。[①] 定期开展长期护理定点机构申报和评估工作，是保障长期护理服务质量的关键。同时，健全长期护理保险经办管理服务机制，加强对长期护理保险工作的监督管理，完善保险基金运营中的风险预防和管理，确保长期护理基金的安全运行等，也是构建和完善长期护理保险制度的重要环节。

---

① 制度绩效是指，制度运行所取得的社会、经济、政治、文化等综合效果，集中体现为人们物质精神生活水平的改善和提高。参见杨雪冬．全球化背景下的中国制度优势［J］．中国特色社会主义研究，2013（4）：18．此处"制度绩效"主要意指，长期护理保险制度运行所取得的各方面综合效果，尤其是制度目标人群的生活质量改善与否或提高程度。

三、打造大湾区一体化养老服务体系核心城市

2019年2月,《粤港澳大湾区发展规划纲要》(以下简称《规划纲要》)正式发布,标志着粤港澳大湾区建设拉开了历史性的序幕。这是我国在推动国家经济高质量发展,优化功能布局,推动区域经济协调发展,建设开放型经济新体制方面的重要战略部署,也是新科技革命背景下为谋求中国改革开放的深层次发展打造的一个新的增长极。作为大湾区核心城市之一的广州市,迎来了新的发展机遇。

香港和澳门都是老龄化程度比较深的地区,在养老服务体系的建设和公共服务的供给方面形成了很多可供借鉴的经验,粤港澳大湾区的建设为三地进一步加强养老服务方面的交流合作提供了契机。广州市作为大湾区核心城市之一,应快速定位自身在大湾区中的地位和角色,把握这一难得的历史发展时机,发挥广州市的地缘优势和协调优势,对外向港澳地区学习先进经验,迅速缩小与港澳地区的发展差距,对内则发挥辐射效应,带动粤东、粤西、粤北其他城市共同发展。经济的区域协同发展,优化产业结构,推动现代服务业的发展,构建具有国际竞争力的现代产业体系是《规划纲要》明确的大湾区建设重点任务之一。养老服务是现代服务业中的新兴产业,在实现大湾区区域经济一体化发展的同时,广州市可以在积极推动大湾区内跨境公共服务供给水平方面发力,借助经济一体化过程中人流、物流、资金流和信息流的便捷有序流动,进一步以广州市为枢纽,增强三地在养老服务领域的理论交流和实践沟通,促进粤港澳三地养老服务优势资源共享,以实现现代养老服务业的跨境发展,通过"经济民生双导向",增进大湾区粤港澳三地居民的生活福祉。

因此,广州市在构建广州特色的养老服务体系的同时,要朝着融入大湾区养老服务大体系努力,促进一体化养老服务体系建设,未来可以在以下3个方面有所作为。

(一)构建一体化的养老服务市场

广州市应借助大湾区建设的政策优惠,尤其是在用地、税收等方面的优惠,大力发展养老服务市场。大湾区三地虽然在制度上有所不同,但都是市场经济体制,都强调市场机制的自发调节作用。内地深化经济体制改革的方向和目标就是进一步开放市场,深度参与国际分工,贸易和投资的自由化进程不断加快,因此,共同的经济体制发展目标为统一的养老服务市场的培育提供了适宜的体制环境和政策条件。早在2010年前后,广东省就开始借助

地缘优势，以珠三角各市作为试点，着力推进粤港澳地区社会福利合作，充分发挥三地的优势互补，制定相关政策，采取措施鼓励港澳地区民间资本和养老服务提供者来广东兴办养老机构，参与养老事业的发展。在2016年出台的《广东省养老服务体系建设"十三五"规划》中，再次强调鼓励港澳台、华侨和外国资本在广东设立养老机构。但是就目前来看，香港居民在广州登记成立的全市性民间养老机构仅有1家，统一开放的养老服务市场应该成为未来大湾区现代服务业重点发展的方向之一。广州一方面要优化和开放养老服务贸易市场，为引入港澳地区投资做政策上的调整，减少生产要素跨境流动的制度性障碍，同时要注重利用制度优势将内地的投资、人才和服务理念等输出港澳，为打造区域内一体化养老服务市场做出贡献。

（二）形成养老服务产业群和产业链

随着社会经济高度产业化和社会结构迈向老龄化，养老不再是个人和家庭的事情，发展养老服务产业是社会化养老的必经之路。养老服务作为现代服务业的重要组成部分，必将成为未来经济增长的主导型产业之一。但是，目前内地养老服务产业的发展仍处于起步阶段，远没有形成产业化规模。同时，在养老服务产业的开发上，还闭塞于公共养老服务的提供，与老龄化深度发展密切相关的其他服务领域尚待发掘。有学者根据目前老年人的收入情况及老年人支出占GDP的比重测算，预计到2030年，老年人支出在GDP中的比重将会从现在的1/12上升到1/5，到2050年则可能上升到1/3。① 由此该学者认为未来养老产业投资潜力巨大。一般认为，老龄产业主要分为四个板块，分别为老年金融、老龄用品、老龄服务和老龄地产。其中，核心为老龄服务。广州市未来应致力于打造养老服务产业化发展先行区，促进养老产业区域集聚发展，尤其是一些新兴养老产业崭露头角的领域，需要更多的关注和扶持。其中，借助于"互联网+"的智慧养老服务亟待开发，而这一创新发展领域又是粤港澳地区的传统优势所在，更契合粤港澳大湾区"国际科技创新中心"的建设目标。未来广州市可以在智慧养老的科技创新方面谋求与港澳地区更多地合作，在面向老年人的网络信息服务、老年人信息产品和服务的设计与开发、智慧社区的建设、老年人信息知识管理、老年人服务信息档案管理和共享等方面形成三地优势互补和相互支

---

① 这一数据来源于对中国老龄科学研究中心副主任党俊武的采访内容。参见金宸. 鼓励养老服务创新　推动老龄产业发展：广东加快养老服务体系建设［J］. 大社会，2017（5）：15.

撑的比较集中的产业群，以及以提升服务质量为重点的上下游完整产业链。

（三）实现大湾区居民养老服务同等待遇

粤港澳大湾区的建设，不仅是国家经济发展的新引擎，也是改善民生的示范窗口，大湾区建设的目标之一就是要打造宜居、宜业、宜游的优质生活圈。分享大湾区优质养老服务资源，是大湾区建设惠及民生的重要表现，也是大湾区各城市居民共享大湾区建设成果的体现。广州比邻香港地区和澳门地区，与港澳地缘相近，人缘相亲，民间交往一直十分密切。随着大湾区经济一体化的建设，越来越多粤港澳三地人才将更加频繁地跨境流动，跨境养老也必然成为三地居民晚年生活的常态。如何构建异地跨境协同养老发展机制，是广州面临的重要课题之一。广州市作为内地较为发达的城市，与公共服务环境优良的香港和澳门之间实现相互对接，各自利用自身的优势，构建具有湾区特色的社会养老服务体系，可以实现优质资源的共享，为大湾区各城市居民带来福祉。也就是说，未来要在养老服务供给和城市社会保障体系上实现三地衔接，目的是实现大湾区居民在养老等民生方面享有同等待遇。尽管实现跨境养老服务同等待遇面临很多障碍，但是要看到老年人在养老需求上是基本趋同的，现有大湾区各城市的养老服务项目也非常接近，养老服务提供方式也大体相似，这就成为构建跨境养老协同机制的客观基础。2019年4月，粤港澳大湾区11个城市的民政部门在广州市签署了《粤港澳大湾区城市民政事业协同发展合作框架协议》，并开展提升养老服务质量等11项共同行动项目。协议明确各方将坚持标准、人才、技术、资源、成果共享，建立合作机制，推动粤港澳大湾区民生福利、社区服务规划政策有效落地实施。广州市作为大湾区内地核心城市，在合作框架协议中要发挥主导作用和综合优势，未来在需求评估、补贴标准、设施机构、服务能力等方面的建设上，不仅要立足于广州市的现实，还要有更为广阔和开放的视角，放眼大湾区一体化的福利政策，力求在养老服务受益资格和标准上实现三地趋同，早日实现湾区内居民养老服务共享，提升湾区居民生活便利水平和生活质量。

目前，大湾区建设刚刚起步，蓝图的绘就需要时间，也需要三地的紧密合作。在新时代提供的前所未有的历史机遇面前，广州市也面临着诸多前所未有的挑战。粤港澳大湾区一体化养老服务建设还有很多的障碍需要克服。一是三地政策和制度环境的差异，既是大湾区建设的总体背景，也是诸多改革推进的障碍所在。如何利用一国两制之利而避制度差异之弊，是大湾区建设中最为考验治理智慧之所在。二是三地在社会治理和公共服务供给的机制和体制上需要进一步加强沟通，未来需要以规则相互衔接为重点积极优化营商环境，尤其是市场经济规则的沟通、社会保障体系上的衔接和知识产权保护等法制环境的改善等，能够为三地协同发展扫除规则上的障碍。三是积极利用大湾区建设中国家给予的优惠政策，在金融汇率和税收税率等方面进行更大力度的改革尝试。这需要突破很多现有机制进行大胆的制度创新，也需要谨慎论证、稳步推进，以实现粤港澳三地金融税收上的互利互惠，为粤港澳三地经济和民生领域开展深层次合作奠定基础，达到共赢目的。

参考文献

一、学术专著

［1］ 《中国城市养老指数蓝皮书》课题组. 中国城市养老指数蓝皮书：2017［M］. 北京：中国发展出版社，2017.

［2］ 迪肯. 福利视角：思潮、意识形态及政策争论［M］. 周薇，等译. 上海：上海人民出版社，2011.

［3］ 郭爱妹，张戌凡. 城乡空巢老年人的生存状态与社会保障研究［M］. 广州：中山大学出版社，2011.

［4］ 姜向群，杜鹏. 中国人口老龄化和老龄事业发展报告［M］. 北京：中国人民大学出版社，2013.

［5］ 迪特里克. 老年社会工作：生理、心理及社会方面的评估与干预［M］. 隋玉杰，译. 2 版. 北京：中国人民大学出版社，2008.

［6］ 民政部，全国老龄办养老服务体系建设领导小组办公室. 国外及港澳台地区养老服务情况汇编［G］. 北京：中国社会出版社，2010.

［7］ 武川正吾. 福利国家的社会学：全球化、个体化与社会政策［M］. 李莲花，李永晶，朱珉，译. 北京：商务印书馆，2011.

［8］ 王琼，王敏，黄显官. 我国养老服务综合配套改革实践与创新［M］. 成都：西南交通大学出版社，2017.

［9］ 翟振武，刘爽，段成荣. 常用人口统计公式手册［M］. 北京：中国人口出版社，1993.

［10］ 张文显. 法理学［M］. 2 版. 北京：高等教育出版社，2003.

［11］ 张岩松，等. 社会养老服务体系建设研究［M］. 大连：东北财经大学出版社，2016.

［12］ 郑尚元. 劳动法与社会法理论探索［M］. 北京：中国政法大学出版社，2008.

［13］ 郑功成. 社会保障学：理念、制度、实践与思辨［M］. 北京：商务印书馆，2000.

二、期刊论文

[1] 陈成文,陈舒.从"碎片化"困境看我国城市养老服务体系的制度建设[J].城市发展研究,2017(12).

[2] 程坤鹏,徐家良.从行政吸纳到策略性合作:新时代政府与社会组织关系的互动逻辑[J].治理研究,2018(6).

[3] 程倩倩,刘远明,杨杰文,等."全面二孩"政策下生育意愿的实证研究:以广州为例[J].现代医院,2019(5).

[4] 陈文春,张义明,陈桂生.从职业认同到工作投入:公共服务动机的中介作用与自我效能感的调节作用[J].中国人力资源开发,2018(2).

[5] 陈雅丽.城市社区服务供给体系及问题解析:以福利多元主义理论为视角[J].理论导刊,2010(2).

[6] 杜宁宁.强者理念与弱者理念的对弈:论劳动法双重视角的碰撞[J].湖南大学学报(社会科学版),2016(2).

[7] 方俊,李子森.政府购买社区居家养老服务的探索:以广州Y区为例[J].中共中央党校学报,2018(3).

[8] 高传胜.老龄服务业促进政策及现实问题再审视[J].社会科学辑刊,2016(4).

[9] 郭佩霞,胡彬.支持养老服务业发展的税收政策探析[J].税务研究,2018(1).

[10] 韩喜平,陈茉.我国养老产业PPP项目运作面临的问题及对策[J].经济纵横,2018(4).

[11] 黄俊辉,李放,赵光.需求评估:构建社会养老服务体系的关键环节[J].老龄科学研究,2014(8).

[12] 胡宪.支持我国养老服务业发展的财税政策分析[J].湖南社会科学,2017(4).

[13] 侯立平.发达国家(地区)的老龄人口长期护理体系及其启示[J].城市问题,2012(1).

[14] 纪代红,王春霞,李亮,等.养老机构服务质量评估研究进展[J].中国护理管理,2018(11).

[15] 金宸.鼓励养老服务创新 推动老龄产业发展:广东加快养老服务体系建设[J].大社会,2017(5).

[16] 廖振中,刘嘉,罗佳意.政府与社会资本合作(PPP)的检视:一个

　　　　文献综述［J］.财经科学，2018（3）.

［17］李兵.我国构建长期护理保险制度的可行性与必要性探讨［J］.改革与战略，2015（3）.

［18］李春，王千.政府购买养老服务过程中的第三方评估制度探讨［J］.中国行政管理，2014（12）.

［19］李红武.养老服务专业人才培养的现状及对策分析［J］.老龄科学研究，2014（7）.

［20］李军，潘澍之.竞争战略与薪酬体系匹配对企业绩效的影响［J］.湖南师范大学社会科学学报，2010（5）.

［21］李霞.意定监护制度论纲［J］.法学，2011（4）.

［22］李玮彤，徐桂华.老年人照护需求综合评估研究现状及进展［J］.中国全科医学，2018（27）.

［23］刘安宁.《民法总则》视角下的老年人监护制度研究：以意定监护为中心［J］.辽宁师范大学学报（社会科学版），2018（2）.

［24］马生军，李少军.精神赡养客观构造立法研究［J］.河北法学，2018（12）.

［25］庞凤喜.论税收与养老服务支持的关系［J］.税务研究，2018（1）.

［26］齐红倩，刘岩.全面二孩政策对我国经济增长的阶段性影响［J］.统计与决策，2019（9）.

［27］乔晓春.实施"普遍二孩"政策后生育水平会达到多高？——兼与翟振武教授商榷［J］.人口与发展，2014（6）.

［28］田维.浅谈养老服务标准体系的建立［J］.中国标准导报，2012（6）.

［29］童峰，刘金华.浅谈养老服务评估指标体系的建构［J］.学术论坛，2015（12）.

［30］王刚，唐永文，张芳.政府购买社会养老服务的"互联网+"模式研究［J］.广西社会科学，2017（4）.

［31］王江楠.PPP项目私人投资者合理回报及其匹配财政政策研究［J］.统计与决策，2018（8）.

［32］王文彬，余富强.社会构建理论视角下的社会工作者身份认同研究：以深圳市社会工作者为例［J］.社会工作，2014（6）.

［33］吴成伟，李国红，陈洪涛.国际老年护理服务经验对我国的启示［J］.中国社会医学杂志，2018（1）.

［34］吴凡.从瑞典养老体系的改革发展看对中国的启示［J］.劳动保障

世界，2017（6Z）.

[35] 徐宏，岳乾月.养老服务业PPP发展模式及路径优化[J].财经科学，2018（5）.

[36] 徐宏，商倩.中国养老服务资金缺口测算及PPP破解路径研究[J].宏观经济研究，2019（2）.

[37] 谢红，孟开.日本介护保险制度对健全中国老年照顾体系的启示[J].中国社会医学杂志，2005（1）.

[38] 尹章海.我国人口老龄化发展特点、影响及对策[J].人口与计划生育，2009（6）.

[39] 尹尚菁.发达国家长期照护服务体系比较[J].中国医药导报，2011（29）.

[40] 袁小波.美国家庭照料者社会支持体系及对我国的启示[J].黑河学刊，2010（9）.

[41] 章晓懿，梅强.社区居家养老服务绩效评估指标体系研究[J].统计与决策，2012（24）.

[42] 张旭升，牟来娣.政府购买居家养老服务的研究综述[J].中共杭州市委党校学报，2013（1）.

[43] 赵恩兰，宋丽萍.论老龄社会与高职院校服务人才的培养[J].中国青年政治学院学报，2014（5）.

[44] 赵康.专业、专业属性及判断成熟专业的六条标准：一个社会学角度的分析[J].社会学研究，2000（5）.

[45] 赵晓芳.新加坡的"积极老龄化"：理念与行动[J].社会福利（理论版），2019（3）.

[46] 郑尚元.长期照护保险立法探析[J].法学评论，2018（1）.

[47] 钟仁耀.提升长期护理服务质量的主体责任研究[J].社会保障评论，2017（3）.

[48] 周俊.政府如何选择购买方式和购买对象？——购买社会组织服务中的政府选择研究[J].中共浙江省委党校学报，2014（2）.